大学生管理创新理念研究

陈飞宇 ◎ 著

吉林出版集团股份有限公司

图书在版编目（CIP）数据

大学生管理创新理念研究 / 陈飞宇著． — 长春：吉林出版集团股份有限公司，2022.9
ISBN 978-7-5731-2324-4

Ⅰ．①大… Ⅱ．①陈… Ⅲ．①大学生－高校管理－研究 Ⅳ．①G647

中国版本图书馆CIP数据核字（2022）第175517号

大学生管理创新理念研究

著　　者	陈飞宇
责任编辑	白聪响
封面设计	林　吉
开　　本	787mm×1092mm　　1/16
字　　数	180千
印　　张	8
版　　次	2022年9月第1版
印　　次	2022年9月第1次印刷
出版发行	吉林出版集团股份有限公司
电　　话	总编办：010-63109269
	发行部：010-63109269
印　　刷	廊坊市广阳区九洲印刷厂

ISBN 978-7-5731-2324-4　　　　　　　　　　　定价：68.00元

版权所有　　侵权必究

前言

高校是中国人才培养的摇篮，几乎所有行业的精英都从中接受过教育。高校扮演着极其重要的角色，不仅传授给学生相应的知识、技能和经验，更重要的是培养了学生的个性。教育学生在生活中要诚实勇敢、学会感恩，是树立正确的人生观价值观的重要环节。

大学生的管理重点包含学生的心理状态、思想动向、身体状况、在校生活、学习等各方面活动的充分管理，学生管理的效果会对大学生的学习成果、品质养成形成一定的影响。在新教育前提下，在对学生实施管理的时候，需要以引导、疏导为主，规范制度、制约为辅的方法，以学生为主，全面提高学生的综合能力和水平。

本书以高校大学生管理创新为核心，首先概述了高校大学生管理，然后分析了大学生管理创新理念、大学生管理创新模式，最后探讨了高校大学生管理工作的创新等内容。本书提出创新高校大学生管理这一主题，明确创新高校大学生管理的意义，对创新高校大学生管理进行分析研究，提出创新管理的实践性做法。

本书在写作和修改过程中，查阅和引用了书籍以及期刊等相关资料，在此谨向本书所引用资料的作者表示诚挚的感谢。由于笔者水平有限，书中难免出现纰漏，恳请读者同人和专家学者批评指正。

陈飞宇
2022 年 3 月

目 录

第一章 高校大学生管理 ... 1
- 第一节 大学生管理的概念 ... 1
- 第二节 大学生管理的指导思想与原则 ... 3
- 第三节 大学生管理的对象和任务 ... 9
- 第四节 大学生管理的特点和作用 ... 12

第二章 大学生管理创新理念研究 ... 17
- 第一节 新媒体环境下大学生管理创新 ... 17
- 第二节 大学生创新创业训练项目管理 ... 20
- 第三节 大学生参与高校管理工作创新 ... 24
- 第四节 广播电视大学学生管理模式创新 ... 28
- 第五节 大学生社团建设与管理模式创新 ... 31
- 第六节 大学生社团管理机制创新与实践 ... 35
- 第七节 大学生体育俱乐部管理模式创新 ... 37
- 第八节 高校大学生班级管理模式创新 ... 40

第三章 大学生管理创新模式研究 ... 45
- 第一节 大学生管理工作模式创新 ... 45
- 第二节 大学生档案管理模式 ... 57
- 第三节 新时代大学生健康管理模式 ... 60
- 第四节 大学生体质健康管理模式 ... 65
- 第五节 网络新媒体环境下大学生管理模式 ... 70
- 第六节 素质教育视野下大学生管理模式 ... 74

第四章 高校大学生管理工作的创新 78
第一节 高校大学生管理工作理念的创新 78
第二节 高校毕业生就业指导工作创新 100
第三节 高校大学生心理健康教育工作创新 115

参考文献 120

第一章 高校大学生管理

高校是培养社会主义事业接班人的重要基地和摇篮。我们必须始终坚持社会主义办学方向,把德育放在首位,为我国社会主义现代化建设多出人才、出好人才。培养社会主义现代化建设事业的合格人才是一项复杂而庞大的系统工程。它要求调动学校各方面的积极性,齐抓共管,共同努力。而发挥大学生工作专职人员的作用,加强对大学生的教育和管理,是大学生管理工作的切入点和着力点。

第一节 大学生管理的概念

一、大学生管理工作的定义

从我国高等教育的实践出发,大学生管理工作有狭义、中义和广义之分。狭义的大学生管理工作仅包括学籍管理。中义的大学生管理指学籍管理、思想管理及部分生活管理(如助学金、奖学金)。广义的大学生管理工作囊括了学籍管理、思想管理以及一切与学生生活有关的活动。本书所探讨的是大学生管理工作的中义。

二、大学生管理的内涵

高校工作始终都是围绕着"育人"二字进行的。若想促使大学生全面发展与成才,完成历史赋予大学生管理工作者的历史使命,就必须坚持"以学生为中心"。以学生为中心,首先要以学生为基础、以学生为本,把促进大学生全面发展作为出发点和最终的目的,关心、尊重、爱护与发展他们,追求对他们本身的关怀及对学生身心的全面协调发展。大学生管理工作中"以学生为中心",即意味着学校不再单是负责满足学生学习知识的需要,同时还要关注学生其他的各个方面,使其成为全面的复合型人才。这主要表现为以下几个方面:首先要彰显学生在高校中的主体地位,树立"把学生的事情时刻放心上"的思想,要求高校管理者处理所有问题都要从学生的角度出发,把让学生健康茁壮地成长成才作为他们的工作宗旨。其次是注重发展学生的全面协调的能力。"以学生为中心"这几个字不仅仅意味着单纯地满足学生对知识的需要，同时也要注重他们全面协调能力的发展。最后要注重培养大学生的可持续发展能力，高校应注重对学生实践能力等方面的培养，充分体现"可持续发展"，培养他们可持续发展的能力。

大学生工作者要转变以前那种以学校为主体、以教育者为核心的思维方式，与时俱进地改变自己的角色，践行以学生为中心的科学管理理念全心全意地为学生服务，为学生提供良好的环境、充沛的资源，使学生可以自由而全面地发展。大学生管理部门要认真实践、不断探索和积极改进，尽可能地满足学生接受优质服务的需求，真正将以学生为中心的理念落到实处。

科学的规章制度是实现以学生为中心的大学生管理工作的重要保障，否则学校的管理工作将会变成一盘散沙。目前，传统上的惩罚、教导与机械性的管理制度是不科学的，大学生管理工作需要依赖一套科学的规章制度，以保障高校人性化管理的实施。做好以学生为中心的大学生管理制度应包含以下几个方面：首先，应充分尊重学生的个性化自由，过多不必要的约束反而会起到反作用。其次，重视对学生的关爱及人文关怀。最后，重视学生的主观能动性和自我控制力，每个学生都是有自我意识的，应该让他们顺应自己的意识情感，而不是让他们被动地接受一切。只有学生管理工作的内容得到学生的心理认同，内化为学生的情感和认知时，才会改变他们原有的认识结构，建立起新的认识结构。总之，要努力使学生切身感受到高校管理制度的作用与好处，积极主动地配合，使管理的规章制度成为学生的行动指南，从而提高大学生管理制度的执行效率。以学生为中心的大学生管理不能仅仅靠学校管理者制定制度，还需要学生进行自我管理和自我教育，充分发挥学生的主观能动性，让学生充满激情，积极主动地参与管理。苏霍姆林斯基曾说，只有能够激发学生去进行自我教育的教育，才是真正的教育。学生不仅是高校管理工作的对象，还是主体和动力，必须依靠学生才能完成管理的各项任务。这种自我管理自我教育的新方法，不仅能够充分发挥学生的积极创造性和主观能动性，还可以培养学生的自我控制和自我管理能力，促使学生遵循自己的兴趣爱好和人生标准来完善自己，进而自由全面地发展自己。

第二节　大学生管理的指导思想与原则

一、大学生管理的理论根据和指导思想

科学的管理对提高管理效率、优化教育质量具有十分重要的意义。科学的管理有利于符合客观实际、法制化、人性化的管理规章制度，而这一切都离不开科学的管理思想。科学的学生管理思想分三个层次：一是作为认识理论的管理思想；二是作为管理应遵循的基本原则；三是在实际操作中所运用的具体方法。

（一）管理思想

所谓管理思想，是指"关于管理的观点、观念或理论体系，是管理理论和实践的结合在人们头脑中的反映"。管理思想对管理工作起指导作用，它随着人类社会及其管理活动的产生、发展而产生和演变。古代朴素的管理思想兴盛于中国、古巴比伦和印度等。公元前2000多年，古巴比伦《汉穆拉比法典》颁布的282条法律，体现了远古法规管理思想。中国在公元前1100多年，出现了经权管理思想，后有历代的"人治""法治"及"知人善任"等管理思想。十九世纪后，随着机器大生产的兴起，欧洲出现古典科学管理思想以及法约尔的管理原则与过程理论等。从二十世纪20年代开始，出现了人际关系——行为管理思想。二十世纪60年代后，出现了诸多管理学派，管理思想纷繁，被喻为进入了管理理论的"丛林时期"。

大学生管理属教育管理的范畴，其管理思想理应与教育管理思想同类，它是一个极为复杂的理论课题。它应该也必须规定出自己的理论前提，也就是要与某种思想理论联系起来，以确立自己的基本方向。从哲学的层面来看，大学生管理思想主要包括四个方面的内容。

1.运用相互联系的管理思想

大学生管理是一种复杂的社会现象，从宏观上分析，高校与社会、家庭和时代是联系在一起的，大学生当然也不是孤立于社会、与世隔绝的。所以大学生管理牵涉社会、家庭，影响着时代，同时也受时代或者历史条件的限制。

从微观方面来看，大学生管理诸要素之间也是相互联系、相互制约的，如管理与学习的关系、管理与教育之间的关系、管理与服务之间的关系、管理过程与管理结果之间的关系，等等，都是相互影响、相互制约的。

2. 运用动态平衡的管理思想

管理是一个过程，这一过程是在不断发展变化的。既受大的政治、经济和文化变化的影响，又受高校本身物力、财力及办学思路变化的影响。一切都在变化中，管理工作也处在不断地完善与发展之中。同时，作为管理对象的大学生和研究生的人格、思想、行为也在学生管理过程中得到逐步发展与完善。所以把动态平衡的管理思想运用于管理工作中，就必须要有发展的观点，要有与时俱进的勇气，立足于现实，着眼于未来，不断地分析和研究新的情况，解决新的问题。

3. 运用对立统一的管理思想

在高校学生管理活动中，客观存在着各种矛盾关系，需要运用对立统一的管理思想对这些问题和矛盾进行分析研究并最终予以解决。例如，管理者与管理对象之间的矛盾，教育、服务与管理之间的矛盾关系。

4. 运用实践探索的管理思想

实践是检验真理的唯一标准，同时，实践又是正确认识的主要来源。大学生管理是一门实践性很强的科学，有很强的操作性要求。因此，我们在开展大学生管理工作的时候，一定要有实践意识，要有探索创新的勇气，并将实践过程中形成好的经验提升到理论的高度，从而在整体上指导学生管理工作的新实践，如此反复，以至无穷，以推动我们的学生管理工作不断提升水平。

（二）指导思想

研究我国大学生管理，主要应注意运用以下几个方面的理论观点和指导思想。

第一，坚持马克思主义关于人的全面发展的理论，培养有理想、有道德、有文化和有纪律的全面发展的高级专门人才，是我国社会主义大学的根本任务。做好研究工作首先要解决"为谁培养人"和"培养什么人"的问题。我国社会主义大学的性质决定了我们必须确保学校培养出来的毕业生，不仅要有扎实的科学文化知识和健康的体魄，而且必须具有高度的社会主义觉悟，也就是要有理想、有道德、有文化、有纪律。要培养这样的新人，就必须按照马克思主义人的全面发展的教育思想办教育，马克思主义教育思想的核心就是关于人的全面发展的学说。培养德、智、体全面发展的建设者和接班人的教育方针，是马克思主义这一理论精髓的具体运用。我们要把培养全面发展的"四有"人才作为我们的根本任务和落脚点。

第二，运用马克思主义关于辩证唯物主义的理论。用对立统一的观点指导大学生管理，在管理中坚持整体观。马克思主义辩证唯物主义哲学是一切社会科学和自然科学的理论基础。马克思主义的认识论和方法论，渗透于所有社会科学和自然科学之中。所以，也同样渗透于大学生管理科学之中。要运用对立统一观点，坚持管理的整体观。在纵向上，坚持整体观就是局部与整体的统一，从学生管理工作的整体系统看，组成这个有机整体的各部分又都是一个支系统，是局部。学生管理系统的整体功能是由各部分的组合形式决定的，虽然支系统都各具有特定的功能，但它们都应服从学生管理系统整体的目的和功能，各个支系统的要素都是为了整体目的而建立的。在横向上，坚持整体观就是处理好各支系统之间的分工与合作的一致性，把各部门都协调到为培养全面发展的人才这一共同的管理目标上来。

第三，运用高等教育和现代管理科学理论指导大学生管理，使大学生管理科学化。现代治校观念要求我们靠现代科学来管理学校，管理学生。具体来说：一要靠教育科学，要遵循教育的外部规律与内部规律办事。比如，高等教育的规模为一定的经济基础所决定，反过来又作用于一定的经济基础。高等院校作为高等教育的主要载体和平台，人才、资源、市场面临着越来越激烈的竞争，理念、体制、结构也面临着新的变革和调整。高校要准确把握社会脉搏，直接面对市场办学。大学生管理也要研究新情况，解决新问题，面向二十一世纪培养高素质的复合型人才。二要靠运用现代管理科学的理论与方法进行管理，使学生管理队伍的组织机构严密、管理制度科学、人员分工合理、职责范围明确、奖惩分明、动作协调和工作高效等。运用现代管理科学指导学生管理主要是运用它的基本原理：系统整体性原理、要素有用性原理、动态相关性原理、人的能动性原理、规律效应性原理、时空变化性原理、信息传递性原理、控制反馈性原理等。我们应在管理实践中力争使管理组织系统化、管理决策科学化、管理方法规范化和管理手段现代化。

第四，继承和发扬我国70多年来大学生管理的成功经验。新中国成立后70多年来大学生管理工作的成功经验是当今学生管理工作的宝贵财富。首先，社会主义大学必须坚持中国共产党的领导，坚持社会主义方向，这是我国70多年来办大学的一条基本经验。坚持党的领导就是用党的路线、方针、政策作为社会主义大学管理的基本指导思想，就是要确保社会主义大学的社会主义方向，调动全校师生员工的积极性，为培养德、智、体、美、劳全面发展的高级专门人才努力奋斗。坚持社会主义方向，是由我国大学的社会主义性质所决定的，一切管理工作都要根据党的路线、方针、政策去组织、实施。各项规章制度的制定都要有利于坚持"一个中心、两个基本点"，有利于调动广大师生员工的社会主义积极性，这是衡量管理功能与效益的基本点。其次，管理工作规范化、制度化，即把符合社会主义方向的，又经过实践检验比较成熟的民主管理和科学管理体制、程序、办法用制度形式固定下来，使工作形成规范，其中心点是责、权、利相结合，使制度的思想性和科学性相统一。最后，坚持理论联系实际的原则，面向社会实践，实行教育与生产劳动相结合。社会主义大学培养的人才，必须适应社会主义市场经济的需要，在思想上有高度的社会主义觉悟和共产主义献身精神，在业务上不仅要有理论知识，而且要有较强的分析问题和解决问题的能力，要有实干精神和较强的独立工作能力。

二、大学生管理的原则和基本方法

原则是对客观规律的反映，是观察问题和处理问题的准绳。社会主义学校管理的原则是学生管理的内在关系的规律性反映，不是任何人随心所欲创造的。在学生管理工作中，管理原则处于承上启下的关键地位，是管理目标和实现管理目标的手段之间的中介，它是学生管理工作中管人处事所依循的法则，是采取有效手段进行管理活动的基本要求。管理原则和管理目标、管理过程、管理方法、管理制度和管理者之间都有密不可分的关系并处于指导地位。

（一）大学生管理的基本原则

大学生管理的基本原则是根据学生管理工作的目的、任务和培养学生成为社会主义合格人才的客观规律制定的，它制约和指导着其他个别特殊原则。

1. 学生管理工作的方向性原则

管理是一种有目的的活动，管理工作必然具有方向性。以坚持社会主义方向为准绳，是我国学生管理工作的一个本质特点。我国是社会主义国家，高等院校自然是社会主义性质的育人场所。社会的性质制约着学校的性质，进而决定学校一切管理工作的性质。因此大学生管理工作，作为一种有目的、有意识的自觉活动，必须坚持党的领导，坚持社会主义方向，为社会主义现代化建设培养造就大批合格人才。这是大学生管理工作必须遵循的一条最基本和最重要的原则。

2. 理论与实践相结合的原则

理论与实践相结合，坚持实践是检验真理的标准，这是马克思主义的基本原理，也是大学生管理的基本原则。准确领会和掌握马克思主义相关科学及各种管理原理，从而把握它们的精神实质，这是搞好学生管理工作的前提。但是，管理原理的应用价值和范围，是受不同学校、不同管理对象和管理者水平等因素制约的。党和国家在社会主义现代化建设阶段有着基本的教育方针和政策，在各个不同发展时期，针对不同特点，又提出一系列具体的方针、政策和要求。这些应当体现在各大学生管理的具体措施、方法之中。但是科学的学生管理必须从本地区、本校、本专业和本年级学生的具体情况出发，从学生的素质、兴趣、爱好和青年的生理、心理特点等出发，制定相应的方法和措施。

3. 行政管理与思想教育相结合的原则

培养学生的共产主义思想品德，既需要耐心细致的说理教育，也需要坚持不懈的行为训练，使学校的教育要求变为学生的行为习惯，否则教育的效果就不会巩固。学生良好行为习惯的训练和培养，离不开科学的管理，没有合理的规章制度、行为规范，思想政治教育就会空乏无力。行政管理在培养社会主义合格人才的过程中具有不容忽视的作用，它为教育工作提供规范、准则和纪律保证，但是具体的大学生管理是通过规章制度、行为纪律对学生的思想行为进行科学的指导和制约。这些制度、措施、纪律表现为社会与学校的集体意志对大学生的要求，表现为对大学生行为的外在限制。因此，想单纯地运用管理制度去解决学生复杂的精神世界问题，是违背教育规律和不切实际的。社会主义高校对学生进行管理的措施的制定与实施，必须以提高学生的认识能力，培养学生自觉遵守规章制度的自觉性为前提自觉地遵守纪律源于正确的认识，离不开正确的教育。我们只有通过科学而有效的思想教育，帮助学生提高执行纪律的自觉性，才能真正实现管理的效能。

4. 民主管理的原则

社会主义大学生管理工作的一个重要方面，就是要培养学生自我控制、自我管理的能力，激励学生在管理中的主动意识和主人翁态度，充分调动学生自我管理的内在积极性。因此，社会主义学校学生管理工作中坚持民主管理的原则是符合整体管理目标的。

从大学生的心理特征来看，他们正处于心理自我发现期。这一时期他们产生了认识和支配自我、支配环境的强烈意识，他们的思想和行为表现为明显区别于中学生的相对独立倾向,希望自己的意志和人格受到外界更多的尊重。他们对学校制定的规章制度、行为纪律会思考它们的合理性,一般不希望被动地处于服从和遵守的地位,而是要求参与管理。根据社会主义大学的学生培养目标和他们的心理特点,我们在管理工作中应充分发扬民主,把学生看成既是管理对象同时又是管理主体。在实行民主管理时,我们应注意发挥党团员学生的作用,重视学生干部的选拔与培养,这是调动学生的积极性,实现学生民主管理的重要任务之一。

（二）大学生管理的方法

大学生管理的方法是根据其管理原则,为实现大学生的培养目标而在德、智、体、美、劳及其他方面所采取的具体方式、步骤、途径和手段。一般有以下几种方法。

1. 调查研究

对学生的情况,要经常调查、了解、掌握,及时采取相应的措施处理。调查研究时要对调查对象、目的、方法做认真规划,不能临时应付,草率从事。调查中不带框框,坚持实事求是,不能以上级单位或某人的指示、意见为结论,到下面寻找材料佐证。在调查的基础上还要用马克思主义立场、观点、方法,对调查材料、调查事物进行分析、综合、研究。

2. 建立规章制度

在大学生管理中逐步确立一系列科学的管理制度,这是大学生管理的必要方法。制度要符合大学生的身心发展特点,符合教育规律和德、智、体、美、劳培养目标的要求。制度既要随着教育的发展而不断完善,又要有其相对稳定性。

3. 实施行政权限

按照学生管理的目标、内容制定一系列规章制度、执行措施和学生行为规范,用行政方法进行管理,并通过相应的管理部门及其人员和师生员工实施检查监督。从而使学生集体或个人的活动达到管理的目标要求。行政方法包含褒扬和惩治两个方面。对遵守管理制度、行为符合规范的集体和个人,应予以表扬。对违反管理制度、行为不符合规范的集体和个人,要有明确的限制措施,并用严格的制度约束其中的特别恶劣者。

4. 适当运用经济手段

经济手段是行政方法的补充。在学生管理活动中,对学生给予必要的物质奖励或惩罚,就是经济手段。采用经济手段并不意味着行政方法不足以保证管理实施,而是因为直接触及学生的物质利益,它起的作用是行政方法难以替代的。用经济手段进行学生管理时,要注意防止一种倾向,即只重视用经济手段去奖惩,而忽视日常的教育和引导,忽视行政管理的作用。同样不能只重视用经济手段奖励优秀学生,而忽视用同样手段处罚违纪学生,或者只重视处罚而忽视奖励,导致不能发挥经济手段的作用。

第三节 大学生管理的对象和任务

大学生管理是高校管理系统的重要组成部分。在高校教育改革和发展中占有极为重要的地位,在高校管理研究中具有重要意义。把大学生管理作为一门科学进行研究,探讨大学生管理活动的本质与内在规律,促进学生管理工作的科学化、法制化和人性化,推动大学生管理工作由经验型、传统型、行政本位型向科学型、现代型和学生本位型转变。为中国特色的社会主义现代化事业培养二十一世纪合格的建设者和接班人,是广大管理工作者特别是直接从事大学生教育管理工作的人员面临的一个重要课题。

一、大学生管理对象

所谓管理对象是指"管理活动的承受者"。随着人类认识的深化和管理的科学化、复杂化,不同时期、不同学派对管理持有不同的见解:一是指管理活动所作用的各种具体对象。最初是人、财、物三要素,后增加了时间、空间,成为五要素,又增加了信息、事件,成为七要素,等等。二是指管理活动所作用的特定系统,即把管理对象作为由多种因素组成的有机整体。系统与外界环境有信息、能量、物质交流。作为高等学校管理工作的重要组成部分,大学生管理对应的工作对象无疑是指大学生,从广义角度来看,这些学生应包括所有在高校求学的学生,即专科生、本科生、硕士生和博士生等。因为这些人都是大学生管理活动的承受者。大学生管理牵涉诸多知识体系,包括管理学、教育学、青年心理学、政治学、人才学等。因此,大学生管理是一门综合性、政策性很强的应用科学。它具有自己独特的研究对象,这个对象就是学生管理活动本质的、内在的联系及其发展变化的规律。对于社会主义的中国来说,学生管理科学是以马克思主义、毛泽东思想、邓小平理论、"三个代表"重要思想、科学发展观理论及习近平新时代中国特色社会主义思想为指导,以党的路线、方针和政策为依据,建立在教育科学、管理科学、青年生理心理学等基本理论和丰富的学生管理工作经验的基础之上,研究学生管理的对象、任务、原则、内容、方法和规律的一门科学。

大学生管理作为学校管理的一个重要方面,同其他管理工作一样,都是以教育领域某一方面的特殊现象和规律为研究对象的,它必然要受到教育领域总规律的支配与制约。因此,它又不同于管理工作的其他分类工作,具有相对的独立性。我们只有既认识到大学生管理工作与其他管理工作的密切联系,又认识到它与其他管理工作的不同特点,才能真正揭示大学生管理现象本身所具有的特殊规律,使之成为一门具有特性并富有成效的管理工作。

作为一门管理工作,一般而言,总要有相应的学科知识成为其所依循的工作方针,而一门学科的成立必须具备一个必不可少的条件,即它必须具有一套系统的范畴体系。范畴体系既体现了研究的角度,也展示了研究的内容,同时又表明了其相互间的关系。因此,准确而恰当地表述大学生管理学的研究内容,最好的办法是确立这门科学的框架和范畴体系。我们认为,大学生管理工作要研究的内容应涵盖以下几个方面。

1. 学科理论的研究

学科理论的研究包括大学生管理科学的性质、理论基础、研究对象和领域、主要研究任务、学科的地位和作用。大学生管理的指导思想和原则,如何对历史的经验进行抽象和概括以纳入理论体系之中和如何移植、融合相关学科的理论,不断丰富、完善和发展高等学校学生管理科学等。

2. 方法论的研究

研究大学生管理科学的方法论,一方面要研究根本的思想方法;另一方面还要研究具体的管理方法,如思想政治教育管理大学生社区管理、教学与学籍管理、实践管理、社团管理、校园文化管理(含网络管理)、奖惩制度管理、社会心理健康与咨询管理、就业管理、学生党员管理与党建管理、学生干部队伍的管理、学生群体性突发事件的应急管理等方面的管理方法与手段。

3. 组织学的研究

大学生管理是一项系统工程。对大学生管理的组织领导体制、学生管理队伍的建设和学生管理的现代化趋势等,都必须做更为深入、全面的探讨。

4. 学生成长规律、心理生理特点与管理工作的有机联系研究

青年群体之间相互作用关系与大学生管理工作的互动共生研究。

二、大学生管理的基本任务

大学生管理工作的基本任务，不仅包括研究学生管理学的相关体系，即研究大学生管理工作与活动的知识系统理论，更重要的是这种研究必须着眼于寻求学生管理工作本身所蕴含的特殊矛盾，领悟和把握学生管理工作的运行规律，以更好地运用于学生管理工作的实践之中，有力地推动大学生管理工作。概括起来，大学生管理工作的主要任务有以下几点。

第一，坚持马克思主义关于人的全面发展理论和党的教育方针，贯彻党的基本路线。以马克思主义、毛泽东思想、邓小平理论、"三个代表"重要思想、科学发展观理论及习近平新时代中国特色社会主义思想为指导，以马克思主义哲学原理为方法论，认真贯彻落实新的《普通高等学校学生管理规定》，遵循党的教育方针和学校的培养目标，为培养全面发展的高素质人才服务。

第二，系统总结我国大学生管理工作的经验和教训。学生管理是一种既古老又年轻的社会工作，它伴随着学校的产生而产生，有着悠久的历史传统和崭新的时代内容。中国共产党早在初创时期就注重在大中学校开展学生工作，有近百年学生管理工作的历史，积累了丰富的经验。从创办湖南自修大学、平民女学、农民运动讲习所，到开办红军大学、抗日军政大学到新中国成立后各级各类学校的建立，其间有众多的经验需要总结，也存在一些教训需要吸取。新中国成立以后，我国的学生管理工作也有着许多值得认真研究的理论知识与实践特色，从解放初期到70年代，从改革开放到全面建设小康社会，每一个时期都有不同的学生管理工作理论基点和实践探索，这些都是值得从事学生管理工作的人员认真学习、探讨、分析和思索的。

第三，批判地继承历史上大学生管理工作遗产，借鉴国外学生管理工作的经验，吸纳教育学、社会学、政治学、青年心理学、系统管理学和文化学等相关学科的知识理论，构建具有中国特色、符合时代精神的大学生管理模式。中国是一个历史悠久的文明古国。几千年来，我们的祖先在学生教育和管理中积累了丰富的经验，这是宝贵的历史文化遗产，应当批判地继承，做到古为今用。同时，我们还应大胆借鉴国外高校的学生管理经验，去粗取精、去伪存真、融会提炼、博采众长，做到洋为中用。这样才能构建起具有中国特色的大学生管理理论体系，并以此指导实践，形成高效的、有益于大学生身心健康成长和成才的学生管理模式。

第四，加强科学研究，注重实践探索，不断发展大学生管理工作的理论体系，推动大学生管理工作模式健康运行。尽管学生管理工作有着丰富宝贵的实践经验和悠久的历史传统,但就总体情况而言,它与不断发展的中国特色社会主义的形势和发展趋势还存在着某些不适应,还面临着许多亟待解决的问题。无论是从理论要求上,还是从实践需求上,都需要科学化、理论化、法制化和人性化等诸方面的规范。因此,作为学生管理工作者,必须加强学生管理工作的科学研究,大胆探索,不断创新,切实把握学生管理面临的新问题、新内容和新特点,努力用新方法、新思路和新手段去适应学生管理的新规律和新形势。使学生管理的理论和方式与时俱进,不断完善和丰富。

第五,以理论创新推动实践创新,促进学生工作的科学化、法制化和人本化。虽然高校有办学的自主权,可以根据自身特点制定符合本校实际的学生管理制度与规定,但这些规定不应与国家的法律法规相悖,不能违背大学生的成长规律,不能违背人性特点,不能违背社会主义办学方向与学生全面发展的最高宗旨。如何体现其管理制度的科学化、法制化和人本化,就有一个理论研究的问题,不仅需要研究法律与青年学的相关理论,还需要研究管理学方面的理论。同时更应注重将管理学、法律学、青年学有机结合起来,形成理论上的创新,推动实践创新。因为,大学生的管理不是一般的管理,而是一种对青年的管理,这种管理是要将这些有着一定知识的青年培养成德智体美全面发展的人才的管理。换言之,这种管理的最高宗旨是要促进学生全面发展,使其成为国家的建设者和接班人。这就使学生管理工作牵涉一系列的理论研究与实践探索,这就是现实交给学生管理工作者的光荣而艰巨的任务。

第四节 大学生管理的特点和作用

大学生管理是学校管理的一个重要分支,是学生管理理论与实践的高度综合与概括。半个多世纪以来,我国大学生管理实践证明,对大学生的成功管理,必须以马克思主义理论为指导,必须与时俱进,必须从我国的实际情况出发,同时又要遵循高校管理的基本规律,把握住高校的特点。只有这样,才能使大学生管理产生积极的效益,确保学生成才。

一、大学生管理的特点

(一)政治性

管理是一种有目标的活动,管理工作必然具有某种方向性。这种方向性在特定的时期体现为政治性。当前,大学生管理必须紧紧围绕为全面建设小康社会,为中国特色社会主义培养合格人才这一中心目标服务,这是我国目前大学生管理工作的一个本质特点。学生管理工作作为一种手段,是为教育方针服务的,而教育方针是一定时代的政治、经济和文化等现实在教育领域的反映。众所周知,中外教育史上都有重视德育的传统,但在不同时代、不同社会,其德育中德的内涵是大不相同的。例如,欧美等西方国家与中国都在教育中强调了人本思想,但由于政治、文化的不同;欧美学校教育中的"人本"是个人本位的人本思想在教育中的反映;中国教育中的"以人为本"则是一种以广大人民群众利益为本的集体本位的人本思想,或者说是"民本",因此其本质意义是大相径庭的。欧美等西方社会强调的个人本位的"人文"教育,其目的是为他们的社会培养接班人;中国作为社会主义国家,强调的集体本位思想政治教育,是为中国特色社会主义事业培养建设者和接班人。这就是教育方针的政治性。学生管理无疑是要为教育方针服务的,当然也就不可能不在其工作中体现出政治性。学生管理工作的政治性,决定了学生管理工作者必须具备应有的政治素质,不断提高自身的政治敏锐性,时刻关注政治局势,把握大局,保持与党中央的高度一致。

（二）针对性

学生管理既然是管理,就不可能离开管理学科的特点,它不可避免地要吸收国内外相关管理科学方面的理论知识体系和工作经验。但大学生管理不同于一般的管理,它有着自己的特殊性,这些特殊性至少表现在以下四个方面。

第一,管理的对象是大学生（社会角色而言）,他们本身就是一个特殊的社会群体,是一群掌握着一定基础知识和专业知识的潜在人才群体。第二,管理的对象是青年（生理心理角色而言）,他们处于血气方刚、激情澎湃、感情冲动、充满朝气的人生阶段。第三,这种青年群体与军事编制中的军人青年群体是不同的,他们的首要任务是学习,而非战斗。第四,管理的对象是正在接受知识教育和思想道德教育的青年群体,他们是一个处于想独立而在经济上又不能独立的半独立状态的青年群体。上述四个方面的特点决定了大学生管理的针对性和大学生管理必须涉及青年学、生理学、心理学、教育学、人才学和管理学等诸方面的知识体系。

从青年学（含生理学、心理学）的角度而言,我们应当看到,大学生管理面对的是一群有血有肉、生龙活虎和朝气蓬勃的年轻人。他们的世界观、人生观、价值观尚未完全定型,他们对异性的关注、与异性的交往、对爱情的渴望、对性道德的理解和对人生的理解等,都有着我们这个时代的烙印,受到所处的时代环境的影响。与二十世纪五六十年代生长起来的一代人是有着明显的区别。要管理好他们,就必须研究了解他们,要研究了解他们,就必须把握时代特征,要把握时代特征,就必须弄清楚这个时代的政治、经济、文化及科学技术发展的大方向。

从教育学的角度而言,大学生管理必须有利于青年大学生的成长,必须符合教育规律。换言之,就是大学生管理必须按教育学、人才学所揭示的规律来进行。比如,大学生德育、智育、体育、美育之间的关系如何在学生管理中有机融合的问题,知识的获得与能力的培养如何有机协调的问题,尊重学生个性与学校统一管理如何获得有效一致的问题,课堂教学与社会实践如何结合的问题等,都是需要认真研究探索的。

从管理学的角度而言,科学的管理从本质上讲是法治化、人性化的管理。管理的有效实施离不开规章制度的建设,而法律与规章制度的制定往往是以一定的理念为指导的。在法学中,指导法律制定的是法理(法律理论);在政策学中,指导规章与政策制定的是政治理论和与政治理论相关的哲学理论。由于法律与规章及政策两者所针对的都是人,所以两者都离不开对人的理性化认识。也就是说,如果一种规章制度是与受它管束的人的本性相悖的,是非人性化的,那么,这个规章制度必然得不到良好的执行,即使执行了,也会带来许多负面影响。对于学校来说,这种负面影响必定是不利于学生成长和人才培养的。

(三)科学性

对于大学而言,建立一套集德、智、体、美、劳及日常生活管理于一体的系统管理制度,其实质是一种约束和规范,即把学生的思想、情感、行为和意志等引导到国家所倡导的培养目标上去。这一活动目标的实现,要求制度具有科学性。而大学生管理制度的科学性至少包括以下几个方面的内涵。

1.符合法律法规。即要求学生管理制度符合国家法律法规精神的要求。

2.符合学校的实际。学校的实际包括学校的层次类型以及学校所在地的地域人文风情。

3.符合大学生的生理心理特点。这就要求高校的学生管理制度制定者必须了解学生,不但要了解大学生的实际情况,还要清楚我们的培养目标与要求。

4.具有可操作性。作为管理制度,尽管有理论指导,又与理论有所不同,其最大的特点就是它必须具有可操作性才能真正达到管理的目的。没有可操作性的所谓制度，再好也只能是理论上正确而不能执行的制度。如果不顾实际情况，不根据发展了的政治、经济形势和法律规章而坚持推行在原来的形势下制定的相关规定，其结果必然是"无法操作"的无效制度，导致的最终结果便是，不利于高校的发展、学生的成才，更不利于党的教育方针的有效实施。

二、大学生管理的作用

高校在现代社会中是人才的"加工厂"，担负着培养人才的重大责任。大学生管理工作是高校教育管理工作的重要一环，其责任总体上与高校的根本任务是一致的。这种责任决定了大学生管理工作的重要作用。它主要反映在以下几个方面。

（一）育人作用

大学生管理是高校管理的重要方面。高校是人才培养的基地，高校管理是为培养人才服务的，大学生管理更是直接针对大学生的，但这种管理与一般意义上的管理是有所区别的，是带有教育性质的服务。即不仅要通过管理促进高校的有效运行，而且要通过管理达到教育目的，使学生成为高校的合格"产品"。也就是说，高校的学生管理是一种"管理育人"的管理，这种管理要与高校的教学、思想政治工作和心理健康教育等一系列工作有机结合起来，产生一种管理育人的效果，促使党的教育方针在高校真正得到落实。

（二）稳定作用

大学生是一个特殊的社会群体，他们具有青年的特质：朝气蓬勃、充满激情、追求真理和关心时事。同时也有着青年固有的不足：容易冲动、互动性强、易走极端、时有盲从、阅历较浅、情绪不如成年人稳定等。他们在法律上是完全民事行为能力人。但从某种意义上来讲，他们在心理上却是准成年人。与其他同龄人相比，他们掌握着更多的知识，但较之真正的知识分子，他们的知识又存在结构上的缺陷和知识量上的不足。这样一个大的群体居住在一起，各种矛盾冲突在所难免，处理不当，极易发生群体性事件。在社会的发展过程中，政治、经济、社会和文化等方面的矛盾必将反映到大学生中来，如果管理不到位，缺乏敏锐的政治意识，高校的群体事件就可能酿变为政治性群体事件，会给社会的稳定带来威胁。因此，应依法管理，通过制定并实施符合学校实际的规章制度，引导大学生端正学习态度，明确学习目的，掌握正确的学习方法,养成良好的生活习惯。通过各种渠道和措施,为大学生建构良好的心理品质,形成稳定的情绪,从而保持学校的稳定是大学生管理的又一重要作用。

(三)增强大学生能力的作用

高校是培养人才的场所。因此,高校的学生管理应有培养学生的功能,应发挥增强学生能力的积极作用。例如,社会实践的管理,可以增强大学生的社会实践和社会活动的能力;实验室的管理,可以增强学生的动手能力;心理咨询可以提高学生自我认识、自我调节的能力;学生的党团活动可以提高学生对党团的认识水平,等等。

第二章 大学生管理创新理念研究

第一节 新媒体环境下大学生管理创新

随着时代的发展与社会的进步,如今已经进入信息时代,基于新媒体环境下的大学生管理工作得到了人们的普遍重视,给新时期大学生管理工作增加了一定的难度。学生管理者依据社会主义核心价值观,争取在最短时间内掌握各种新媒体技术,发挥新媒体技术的作用,认真做好学生的思想政治工作,和学生形成有效互动,在当前大学生管理中具有非常重要的作用。

一、新媒体概述

新媒体技术给人印象最深的就是"新",不同于传统媒体传播,依靠新媒体技术可以实现双向互动,甚至多向传播,建设互动交流平台,如数字杂志、数字报纸、数字广播、手机短信、网络、桌面视窗、数字电视、触摸媒体等。大学生时期是进入社会的初级阶段,他们的个性正处于发展时期,具有良好的自信心与好奇心,喜欢想象各种事物,他们容易接受新鲜事物,可以充分应用多媒体。新媒体作为一种新兴事物,有着虚拟性、互动性与时效性的特点,与当前大学生的性格特点相一致,受到了大学生的欢迎,可以帮助大学生了解信息,实现沟通与交流,在大学生日常生活中占有非常重要的地位,主导着大学生的思想与行为。一般情况下大学生愿意利用微博等工具得到信息,通常情况下会关注高校的官方网站和 BBS。在学生管理当中,依靠大学生的生活习惯与时代特点,在高校学生管理当中融入新媒体形式,学校的各种政策和通知就能及时发布到学生当中,有利于发挥各种管理手段的作用。所以,对于高校管理者来说,一定要重视新媒体在学生管理工作中的作用,高校在新媒体应用和开发中要不断加大投入力度,依靠正确数据,制定合理的管理措施。

二、大学生管理创新的新思路

由于新媒体技术的应用,大学生管理工作出现了许多变化,为了有效解决这些问题,管理者要及时转变观念、更新思想,在学生管理手段上不断创新,才能与时俱进。

（一）坚持以社会主义核心价值观为引领，创新媒介素养教育

由于新媒体技术的应用，传播文化有了多种多样的形式，而新媒体技术不断发展，对高校学生管理工作提出了新的要求。高校管理者不要盲目崇拜新媒体，要认识到新媒体也是一种传播工具，重点应该放在传播内容方面。对于学生管理者而言，要紧跟新媒体的发展趋势，发挥不同新媒体的优势，有针对性地做好学生管理工作，学生管理工作才能收到较好的效果。对于高校学生管理者来说，要围绕社会主义核心价值观，发挥新媒体的作用，在学生的思想政治工作中处于有利地位，倡导时代主旋律。在选择传播内容时，要以自我为中心，鼓励全体学生积极参与，才能正确引导学生的思想。在利用新媒体过程中，不能只考虑吸引学生的注意力，要引导学生正确分析问题，正确解释各种社会现象，培养学生的积极价值取向。要积极学习媒介发展态势和应用各种新媒体技术，让学生具备优秀的媒介素质，发挥新媒体的优势，实现与大学生的有效沟通，在学生管理中发挥积极作用。

（二）建立新型的平等对话互动模式

在当前新媒体时代，学生管理的传统方式已经不适应现在的学生管理工作，管理者和大学生在新媒体下都是平等的，管理者也不再具有任何优势，不可只是应用管理的强制性，学生工作要围绕每一个学生，实行人性化管理。学生管理工作从依靠传统媒体实现各种管理的客体，到利用新媒体有效引导学生的日常思想与行为，要求学生管理者要深入学生中间，发挥QQ群、微博和微信等新媒体的作用，只有掌握了学生的思想发展情况，才能在学生管理工作中处于主动地位，利用网络舆论的作用，实现老师与学生的有效互动。教师要善于创造良好的民主氛围，允许大学生对事物有不同的观点和认识，并在一定范围内接受大学生的观点，教师要利用各种方式进行疏导，不能一味地运用强制性措施，教师可以对学生公开自己的QQ号、微博、微信号等，用自己的真情实感去感动学生，和学生交流，利用新媒体有效作用，创造良好的师生关系，实现师生相互信任，有利于达到良性引导，防止管理过程中出现矛盾。

（三）积极推进新媒体的应用

随着新媒体的快速发展，要求学生管理人员也必须具备较高的水平，不能只是敏锐地意识到各种信息，还必须掌握熟练的网络技术。这样才有利于满足学生的各种需求，防止管理中出现各种矛盾。新媒体目前还没有发展成熟，管理者一定要主动进行研究与学习，熟练掌握新媒体技术的应用。有的学生管理者可能还不懂得如何应用新媒体，所以，学校要为这些教师创造条件，鼓励他们进行学习、参加各种培训，让

学生管理者可以熟练应用新媒体技术，在自学中可以自行解决各种困难，让管理者可以发挥多媒体的作用，顺利开展学生管理工作。

由于新媒体技术的发展，信息量大幅增加，信息由此显示出时效性。因此，学生管理者在信息方面不再具有任何优势，假如不能深入研究问题和解释问题，就不能实现对大学生的舆情引导，管理工作就会遇到很多困难。所以，对于学生管理者而言，要不断提高自己的理论水平，达到可以正确评价新媒体中的各种信息事件的水平，管理工作才能收到较好的效果。

（四）开展新媒体学生管理常态化

如在召开全校范围内的团学工作及辅导员工作会议时，可以专门针对新媒体进行研讨，鼓励教职员接受当前新知识与各种信息，可以有效利用新媒体，掌握网络语言，才能在网络中占据有利地位。对应用新媒体制定一致标准，基于新媒体制定工作计划，努力做到日常工作不断创新，对于有效应用新媒体的先进团体与个人要给予一定的奖励。主要可以应用下面这些做法：鼓励教职员工以真实姓名在人人网、微博等网站注册。利用高效的社交平台，有利于师生间相互了解与沟通，改善师生关系，做到平易近人。不但有利于教师实现"线上"管理，也便于做好"线下"工作，可以从不同视角做好学生的管理工作，提高管理质量。

（五）充分发挥学生团体的作用

学生会和社团在学院中发挥着重要作用。很多大学生都进入过学生团体，会认同自己的学生组织。这些组织一般会在微博、人人网和QQ空间等设立公共主页，很多都是学生自己操作。随着时代的发展这些主页对学生更有吸引力，发挥着保留学生对组织认同感的作用，所以在这些平台发布的信息能够很快得到学生的响应。因此，学院可以集中对学生会与社团干部进行培训，详细讲解学院对学生的管理目标，这种模式有利于提高学生干部的主流意识，这样学生在制订活动主题、发布信息和转发学院信息的过程中都会首先考虑学院的管理精神，从而对其他学生起到潜移默化的作用。

（六）运用现代手段

随着信息化发展的不断加快，信息网络在学生日常生活中的作用越来越突出，很多教师和辅导员都通过手机短信、QQ、微信等新媒介对学生发布信息，实现与学生间的有效交流和沟通，学生管理者可以发挥现代信息技术的作用，正确引导学生的行为，有效发挥学校网站的作用，将学校的规章制度和校园新闻、校园活动及时发布到学生中间。校园网不但有助于学生掌握更多的知识、实现信息的传递，而且学生也可以在此表达自己的想法、发泄自己的情绪；同时，网络的互动在此也可以得到有效应用，学校的不同部门，如教务处、图书馆、后勤、学工部都可以利用网络收集学生对学院各项工作的意见，有利于提高对学生的服务水平，更好地为学生服务，更能促进学生管理工作的顺利开展，实现管理工作的公开公正，这也正是管理方式多样化的最终目标。

高校学习阶段在学生一生中具有关键性作用，是塑造学生性格、完善学生生存技能的重要时期，发挥高校各种管理制度的作用，制定规范的管理措施，有效地做好大学生的管理工作，帮助大学生成人成才，才能为祖国培养更多的高素质人才。

总之，随着新媒体的不断发展，大学生的管理工作得到了更多的启示，传统学生管理模式已不能适应当前快速发展的社会要求，发挥新媒体的作用创新大学生管理模式，才能迎合当前大学生管理工作发展的特点，才能与新媒体时代要求相符。紧紧围绕社会主义核心价值观，发挥新媒体的作用，认真做好学生的思想政治工作，实现与学生的有效交流与沟通，才能在学生管理工作中收到良好的效果。对于学生管理工作者而言，不但要具备良好的媒介素养，还要主动学习各种新媒体知识，主动深入学生中间，掌握学生的思想发展情况，了解学生的需求与观点，与学生积极交流，提高学生的管理工作水平。

第二节　大学生创新创业训练项目管理

目前，我国经济发展已经进入新常态时代，注重科技进步和全面创新，促进创新创业人才的培养，培养更多的大规模创业和创新的重要力量，是适应时代经济要求和符合高等教育培养创新创业人才的目标。近年来，创新创业项目已在我国高校大规模开展起来。2017年时，115所部署高校和31个省级地方教育主管部门共上报了36 000项大学生创新创业训练计划项目。项目过程的有效管理是保障项目质量的重要因素，对更好保证项目实施的效果、明确完善项目实施的方向、切实提高学生的创新素质具有重要意义。然而，如何对项目过程进行有效管理，却是学校及相关管理部门面临的一道难题。

一、大创项目现状

近年来，华广积极推行大创项目，在申报立项数、参与学生数与成果取得等方面，处于广东省民办高校前列。大创项目的积极推进增强了学校在创新创业教育方面的影响力，学生科研成果的创造，如学生名下的专利、论文、实物模型等成果的增多，在增强学生个人能力的同时为社会输入了大量优质的动手能力、创新与创业能力强的人才。

国家级与省级项目在华广由学校教务处统筹管理，开题、中期与结题三个进展的过程均需先由各二级学院（单位）组织3~5名专家（其中至少有一名副高级以上职称）进行由学生参与的答辩检查，专家组在检查表上给出通过意见后，项目才能继续进行或初审结题，之后教务处还会组织专家对学院所提交的材料进行审查，审查通过后项目才算完成结题。华广自2015年开始，校级大创项目实行院级管理，由各二级学院（单位）负责项目的申报、评审立项、经费拨付、中期检查、结题验收、资料存档等环节。学校教务处对各单位的项目管理过程进行检查与监督。大创项目国家级与省级建设周期一般为两年，校级为一年。华广对于国家级与省级大创项目，建设时间安排为每年1—5月推荐申报、9—10月开题论证，次年5—6月中期检查、10月结题验收；对于校级项目，于每年1月申报立项，9—10月中期检查，12月结题验收。根据此时间安排，学院通常将同年的国家级、省级项目的开题论证与校级项目的中期检查的答辩安排在一起进行，将前一年的国家级、省级的结题验收项目与当年校级项目的中期检查安排在一起答辩，这样的管理机制提高了项目检查的效率，避免了项目多而分多次评审，节省了评审教师的时间和大创项目的评审费，多出来的评审费能更好地用于项目创作上，取得了较好的效果。

从2015年开始，华广通过教育部立项的国家级、省级项目28项，校级立项的62项，共90项，参与学生382人次，到2019年国家级、省级项目45项，校级立项的118项，共163项，参与学生700多人次。不管是项目数还是参与大创项目的学生人数都呈持续增长趋势。通过参与项目，学生不但在研究水平、动手能力和综合素质方面得到了提升，在创新意识、创业精神和创造能力等方面也得到了增强，项目开展取得了一定的成果。

近年来华广各二级学院的项目整体质量较高，项目成果较丰富，除了有大量的样机、实物模型、研究报告等成果外，还有各种专利、论文和竞赛获奖等最能体现项目质量水平的突出成果。

二、存在的问题

（一）项目参与学生对大创项目流程不清

由于每年的项目基本是由新一届学生操作完成，参与学生没有经验，对项目的流程、检查周期、需上交的材料、报销等各方面的信息都不清楚,而指导老师忙于指导项目具体研究操作的问题和完成繁重的日常工作,对于这类问题常常疏于指导,且重复解说这些烦琐性细节会严重影响自身工作效率。

(二)项目成员分工不均

大创项目主要由项目负责人牵头进行申请与完成,项目进展的主要环节如实验操作、检查答辩等通常也由学生负责人完成,这就可能造成一人完成整组的工作量的现象。由于部分负责人缺乏团队管理经验,项目分工协作能力不足,或是部分项目成员推卸责任不愿付出精力与时间参加项目研究,导致除了负责人外的其他项目组成员能力提升有限,得不到相应的科研训练。

(三)大学生整体对大创项目了解不多

学校对大创项目的宣传有待加强,部分学生都不知道有此项目在他们大学阶段可参与,或是知道有此项目的学生对个人最后的收益了解不深,从而对参与项目不感兴趣。而且以往有部分参与项目的学生是受指导老师邀来,而不是学生自主积极地提交申请而来,达不到在二级学院也就是基层管理部门内对参与学生择优而录以获得高质量项目的目的,这对学生创新性思维的锻炼也无益。

(四)项目成果不够丰富

部分二级学院(单位)的项目成果整体上比较单一,如仅有一篇论文,或仅有样机一台,对学生综合素质的培养和开发有待进一步加强。部分参与者对项目虎头蛇尾,项目申请成功后疲于项目进展上,遇到问题和挫折时容易放弃,导致项目延期或中止。

(五)项目经费有限

由于大创项目势头良好,项目数量逐年上涨,而学校下发经费却有限,导致很多项目分得的经费仅在2000元左右,没有充足的经费支撑开展深入的研究。经费不足也是项目成果单一的原因之一,学生通常只能在老师的指导下完成一个成果,在一篇论文发表完就没有更多经费支持的情况下不得不放弃更深入的研究,学生训练的机会被大幅度缩小,无法做更深层的研究,产出更丰富的成果。

(六)创业类项目占比少

大创项目按类型可分为"创新训练项目""创业训练项目"及"创业实践项目"。华广每年申报的项目基本都以创新项目为主,创业项目占比很少,很多高校都有类似情况。这与学校创业指导教师的缺乏与参与创业的教师比例低有直接关系。教师与学生在申报创业类项目上的积极性都不高,学生在创业方面的能力得不到提升。

三、措施建议

大学生创新创业项目实施本身具有灵活性,那么其管理与监督也应是一个动态的过程。为了满足创新项目实施过程中有效管理的需要,本节提出了相应的改进措施,如增强过程管理意识、完善资金管理方法、加强过程管理信息化建设等,具体如下所述。

(一)增强相关人员的过程管理意识

动态管理的创新创业项目其核心原则就是"注重过程",强调学生在项目实施过程中创新思维和创新实践的培养。整个过程从大学生创新性实施计划管理,效果管理,发挥管理的地位和作用,促进项目过程管理意识的提升,使学生、教师和管理人员全面认识过程管理的重要性,充分理解项目"关注过程"原则的意义和深刻的内涵,确保项目节点和实施过程准确、全面。

(二)科学规划项目经费管理办法

项目资金是保障大学创新创业项目活动顺利开展的必要条件。高校在项目申请时,不仅要求学生做相应的预算计划,还应明确经费使用的规范,要深刻认识到资金不是项目负责人的专属,应保持项目资金使用的严格性和规范性。同时,针对各高校在项目经费的使用和管理中存在的一些问题,结合教育部的有关规定和学校的实际情况,制订科学有效的项目经费的管理方法。发现有不当行为的,应当及时纠正,根据不符合活动的实际情况和有关规章制度,制订相应的处罚措施。

(三)运用先进的网络技术构建项目过程管理监督加强架构

随着科技的发展,项目过程化管理应实现更简便、更科学的目标。目前,高校缺乏科学的项目管理网络和系统的信息平台,无法解决以往管理人员面对大学生创新创业项目的工作量冗杂等问题,不利于科研部门对项目的全过程管理。通过项目管理模块和系统,升级或开发的项目过程管理的特点和需求,可以实现实时监督职能以保证项目按照项目计划严格执行。另外,还可以提供项目负责人、教师和管理人员相关的访问权限,这样能使学生及时更新项目进度,上传项目实施过程中的成果或总结;教师可以通过这个平台,做到随时随地回答学生的问题,简化指导师生之间的沟通过程,及时了解学生在项目进程中的创新和创业能力的状态;管理者则可以及时上网查询各个项目的进度,将资金使用情况与预算进行比较,将项目管理控制上升到进度控制,将被动管理转变为主动管理。

总而言之,大学生创新训练计划项目要坚持和注重对大学生创新思维与创新能力的培养,以学生为中心,以创新为宗旨。而学生通过参加创新项目,就会明白创新创业训练计划项目过程管理是否科学、规范、有效,项目经费使用是否合理,这些是如何直接影响项目的质量和水平,影响项目参与学生的积极性,从而让学生对科研事业有正确认识。

第三节 大学生参与高校管理工作创新

大学生参与高校管理工作,确保学生参与权与表达权的落实,将有效促进高等院校管理及决策的科学化、合理化、民主化发展,是实现高校管理的重要影响因素。现阶段,高校内部管理结构的协调机制存在一定问题,学生民主权利并未得到有效的保障,建立健全大学生参与管理的制度具有重要的践行意义。随着高等教育的持续发展,给予大学生参与高校管理工作的权利及环境,将有效提高学生的综合竞争能力,并推动高校管理制度及方式的创新发展,为提升高校的社会知名度奠定基础。

一、大学生参与高校管理存在的问题

(一)缺少有效的规章制度

教育在现代改革背景之下,我国出台了相关的政策明确学生参与民主管理的权利。在各所院校的落实过程中,具体的参与内容与权限较为模糊,学生参与权、参与保障尚未落到实处,缺少相关的政策制度支持。针对学生组织的作用地位及学生的职责规划不明确,高校的管理规章制度,需要在实践活动层面进行完善与补充,确保大学生参与高校管理的基本制度保障。与此同时,大学生表达想法的机会及空间将不断拓展,但高校对学生意见的处理速度较慢,接受及反馈的机制工作效率较低。

(二)缺少有效的参与平台

高等院校学生参与高校管理工作的平台众多,其中包含班级组织、学生会、团委会、学生社团、学生协会等。但自发性的群体性学生组织仅在校园活动层面拥有一定的自治权利,活动的开展只是在教师及学校领导的统一领导下,遵照学校的规章制度完成师生服务任务,丰富大学生的学习以及生活。这些学生组织并未实现有效参

与至高校的管理工作之中，而是以中间组织的形式代表学生的需求及利益，与学校管理阶层协商与沟通问题。班级组织或是学生会等形式，主要为学校的行政组织，对学校负责且遵守学校的任务安排。现存的学生组织工作效率较低，学生的权益并未得到充分的保障，学生会等组织并未发挥出参与管理的职责，只是学校管理学生的工作组织。

（三）缺少有效的参与方式

高校学生缺少有效的参与方式，主要体现在参与力度不足及参与效度较低两个方面。首先，高校大学生参与管理工作主要集中在学生的个人生活及学习等方面，其中学生会、学生社团、团委会等组织，负责学生的综合测评、生活与学习检查等工作。在教学层面中，主要参与网上评教活动，在涉及高校与学生利益以及学生成长发展的内容制订时，学生参与的力度不足。高校的发展目标策划、教学目标的制定、教学方式改革等内容，并未有效收集学生的意见及建议。其次，尽管众多院校采取了校长信箱、校长接待日等意见收集措施，并定期组织学生开展座谈会，但在实际贯彻落实的过程中，高校的信息收集工作主要停留在咨询、意见收集层面，并未给予学生真正参与管理的机会。

二、大学生参与高校管理工作的创新要素

（一）参与主体，管理构成基础

大学生参与高校管理工作的创新，需要保证学生参与的主体地位，推动高校管理工作的创新发展。应改革长久以来高校管理者及教师为中心的理念，重视学生主体地位的实现，尊重大学生的个人利益及发展需求，将大学生参与管理作为改革的核心内容。大学生参与的主体地位，是大学生参与高校管理模式的核心内容。因此，需要高校坚持以生为本的管理理念，在高等院校的规划发展、政策制定、具体实施中保证学生的参与权。

（二）参与内容，管理构成客体

基于大学生参与高校管理工作的创新分析，大学生参与高校的管理内容，是参与管理的客体内容，大学生参与内容的深度与广度，将直接反映学校管理创新的程度。高等院校的教育管理工作中，主要涉及的机构包含领导办公室、教务处及学生办公室。因此，学生参与高校管理工作，在宏观层面中应将学生参与划分为行政管理、教学管理及学生管理三个部分。在学生参与高校管理工作的三个层面中，每个方面涉

及的深度、广度及持续度不同,从不同角度落实大学生的参与权利。在参与内容有保证的基础上,有效调动学生参与高校管理的积极性与创造性,发挥学生管理的主观能动性。

(三)参与制度,管理运行保障

高校大学生参与高校管理工作,主要的组织形式可分为两种:一是正式组织机构,例如学生会、学生社团、团委会等;二是非正式组织,如校园广播站、教师助手、校长信箱等。两种组织形式相结合,将实现行政管理、教学管理、后勤保障等多个部门的紧密结合,加强学生参与高校管理的深度及广度,确保学生可从各个层面与学校进行互动和交流。随着信息交流平台的普及化发展,大学生参与学校高校管理工作的渠道不断拓展,学生行驶言论自由权,通过发表自己的想法及意见,参与至学校的管理工作中。例如,校园官方网站、在线互动平台、BBS留言板、微博等。

(四)参与空间,管理运行环境

大学生参与高校管理工作的创新元素在大学生参与校园管理的环境建设中尤为重要。大学生参与高校管理工作质量的提升,需要良好的客观环境提供保障,环境建设需要主体、客体、内容等多方面的协调及配合。因此,在大学生参与高校管理过程中,学校应积极完善学生参与的组织机构,拓展学生参与管理的方式及渠道,营造良好的校园管理环境,有效调动大学生参与高校管理工作的积极性与主动性,提高大学生的参与程度。与此同时,大学良好校园环境的构建,需要政府职能部门,为高校管理模式的创新提供基本的法律法规保障支持。

三、大学生参与高校管理工作的创新路径

(一)培养学生的主体意识

大学生参与高校管理工作的创新,需要培养大学生的主体参与意识及能力。首先,应提高大学生的责任意识,以公共服务责任意识为基础,要求学生在参与高校管理工作时,对自己、同学、学校、社会、国家负责,并将责任意识内化为一种态度及品质。高校应将责任感作为评价学生胜任高校管理工作的考核指标,其中具体的内容包含:报名参与程度、参与培训的积极性、创新能力、对参与管理的准备程度等。其次,高等院校应积极培养学生参与管理的能力。大学生是高校教育教学活动的主体,需要具备良好的自主管理能力,并积极投身于校园管理活动中,充分发挥主体意识及主体作用。在建设校园文化及日常宣传中,应强化学生自主管理能力、营造良好的

管理氛围,提高学生独立、自主的管理能力。

（二）构建对话协商制度

高等院校应完善信息沟通机制,建立学校与学生之间的对话协商制度,确保学生及时了解学校的管理内容,增强校园管理的透明度。首先,公开化与及时化的信息内容,提升学生信息获取的有效性,高校可借助新型的媒体平台,采用现代化的信息传播媒介,增强学校与学生信息沟通的准确性。其次,学校与学生之间的对话协商机制,主要包含民主协商会、学生代表大会、民主评议等。通过对话协商的模式,在学校的管理及政策制订中,征集学生的意见,制订出科学合理的解决办案,确保双方达成共识。

（三）规范学生的参与形式

大学生参与高校管理工作的创新,应规范大学生参与高校管理的形式。高等院校应健全学生代表参与制度。通过选拔出优秀的学生代表,参与到高校管理工作中,并遵循公开透明、公平公正的原则,结合学生的客观水平及代表群体,细化学生参与高校管理工作的形式。例如,可选择不同学年或不同学科专业具有代表性的学生,保证全校范围内不同学生意见可在代表大会中得到表达,确保不同利益群体的意见表达空间。为增强学生参与高校管理工作的科学性及有效性,高校应对学生进行综合考核,针对其综合素质及履职情况进行定量及定性分析,采取科学合理的考核及评价制度。

（四）健全学生参与制度

高等院校应积极健全大学生参与高校管理工作的制度,其中包含健全法律法规、完善激励制度、增加经费来源。首先,对大学生参与校园管理进行明确规定,避免高校在实际执行中的随意性。例如,《中华人民共和国教育法》中明确规定了学生参与校园管理工作的权利及义务内容;其次,高等院校应完善学生参与校园管理的奖励机制,通过"荣誉称号""荣誉证书""学分奖励"等方式,调动学生参与高校管理工作的热情;最后,高等院校应确保学生管理组织的经费来源,加大对学生活动组织经费的支持力度,确保学生组织活动的顺利开展。

总之,教育现代化背景下,大学生参与高校的管理工作,是培养学生主体意识的重要路径。本次针对大学生参与高校管理的创新方式进行研究,将切实提高大学生管理工作的有效性,促进高校内部管理结构的调整,为大学生参与校园事务管理行驶民主权利提供指引。现阶段,大学生参与高校管理工作尚未有效地落实,其中包含组织机制、保障制度、客观环境、学生自身条件等多重原因，健全大学生参与高校管理具有重要的理论及实践意义。

第四节　广播电视大学学生管理模式创新

广播电视大学学生管理工作是学校管理工作的有机组成部分，对促进学生全面发展具有重要的现实意义。随着广播电视大学招生规模的不断扩大，学生管理工作中日渐凸显一些问题。在新形势下，推动广播电视大学学生管理模式创新已成为当下重要的研究课题。本节主要对广播电视大学生学生管理模式创新相关问题展开探讨。

一、广播电视大学学生管理概述

广播电视大学（国家开放大学）是教育部直属，以现代信息技术为技术支撑，实施远程开放教育的一种新型的高等学校。广播电视大学中，学生的学习过程高度个性化、自主化，这要求广播电视大学必须要根据学生的特点结合学生群体的特殊性予以改进和创新。广播电视大学学生管理工作是学校管理工作的有机组成部分，与教育教学管理紧密相关，对教书育人，促进学生全面发展具有重要的意义。

二、促进广播电视大学学生管理模式创新的建议

我国广播电视大学应积极结合时代发展出现的新情况，着眼于时代需求和学生特点，对学生管理模式予以创新，做好学生管理工作，为我国广播电视大学发展奠定了坚实基础。下文主要从管理理念、管理环境以及管理运行机制等层面提出促进广播电视大学学生管理模式创新的具体建议。具体如下。

（一）创新广播电视大学生学生管理工作理念

新时期，广播电视大学招生规模不断扩大，要做好新时期学生的管理工作，必须要从当代学生的实际出发，要与时俱进，树立先进的学生管理理念。

一是树立主动服务学生的理念。在这个理念引导下，学校要制定系统完备的规章制度，要给学生提供个性化的服务。广播电视大学要强化以学生为中心的办学理念，变管为服，树立服务就是管理的理念，在服务中心融入管理制度和措施。具体而言：首先，广播电视大学要创新学生的信息管理制度，要通过网络手段做好学生的信息收集管理工作，通过网络实现服务的便捷性和先进性；其次，要规范学生的管理过

程，要完善制度，严格控制流程，实现科学规范有效的管理；最后，还要通过有效的手段实现学校内部的科学管理，提升学校的教学质量，为教师提供高效的教学服务。

二是树立科学化、规范化的管理理念。广播电视大学在学生管理方面应当逐步建立起标准化、科学化的管理模式。广播电视大学学生管理，应在自愿平等原则下，通过达成合约约束双方行为。双方都有权利和义务，彼此之间的关系具有合同效力，受法律保护。因此，在广播电视大学教学过程中，教学双方首先应达成一致的合约，学校将服务的内容明确化、具体化，与学生达成一致的协议，学生则要遵守教学管理相关规定，遵守学校的规章管理制度，积极主动配合教师完成教学任务，自主开展学习，如果任何一方不遵守合约，则要承担相应的违约责任。

（二）营造一个开放、互动的学生管理服务环境

广播电视学生开展的教育教学活动以远程教育为主。故而，应当充分利用网络环境和现代网络技术，在实行科学、有效的学生管理活动的同时，为学生创造开放、互动的学生管理服务环境。学生是教学活动中的重要参与人，如果没有考虑学习者的具体情况，那么教学管理服务制度就会出现重大的漏洞。学习者的学习动机和在学习过程中遇到的困难等，都需要予以关注。参与广播电视大学学习的学生，普遍缺乏自主学习动力和自律能力，学习积极性不足。所以，在优化广播电视大学的教学环境时，不能照抄照搬国外经验，应结合我国广播电视大学教育教学面临的实际情况制定符合实际的制度，强化制度的刚性约束，给学生以更多的学习任务，强化检查督促，形成推动学生完成学习任务的外在推力。

（三）完善学生管理运行机制构建

完善学生管理运行机制构建是提高广播电视大学学生管理水平和教学管理成效的重要保障。具体而言，应从以下三方面入手。

一是领导决策层层面。学校的领导决策层要做好战略定位，要把握好个性化、自主化学习在广播电视大学中的重要地位，要保障学生自主化、个别化学习需求得到实现，增加对广播电视大学学生管理工作的关注度和监督力度，确保广播电视大学学生管理工作的有序开展，为学校教学提供强有力保障。

二是完善广播电视大学的管理制度。广播电视大学要结合我国经济社会发展现阶段特征，结合经济发展需要，吸收借鉴国外成功经验，对管理制度进行完善，除日常的学生管理制度外，要突出学生的实践能力培养。领导层既要抓制度的完善，也要抓制度的执行，将学校的管理制度落实到教学管理的方方面面，让制度成为保障学

校高效运行的基础。

此外，要保障学生自主化、个别化的学习达到预期效果，必须要制定相应的规章制度保障学生管理机制落实到位。学生管理制度必须要结合教学双方的实际情况，要适应学生的个性化学习需求，通过互联网技术为学生提供全面周到的服务，通过网络为学生提供优质的学习资源，为学生学习效果提供技术保证，实现学校的教学目标。学校的管理层要提高制度的执行力，严格落实相关管理制度，确保教学工作取得更好的效果。

（四）融入人本管理理念，健全学生自我管理体系

我国广播电视大学在发展过程中，要体现以人为本的发展理念，把以人为本理念融入学校发展的全过程，要在具体教学管理制度中体现以人为本的理念。广播电视大学在发展过程中，要结合时代发展特点和学生的特征，引导学生实现自我管理，建立健全学生自我管理体系，让学生参与学校的管理，激发学生的主人翁意识，让学生在参与学校管理中提升自我，获得满足感和成就感。

（五）加强现代信息技术在学生管理中的运用

物联网、云计算等现代信息技术的快速发展，为广播电视大学学生管理工作提供了技术支持和传播载体。因此，广播电视大学应当充分发挥信息技术对学生管理模式改革的重要作用。例如，开发广播电视大学微信公众平台，建立基于微信公众平台的广播电视大学学生管理模式，实现对管理模式的有效创新。同时，借助微信公众平台，增进与学生之间的互动，及时获取来自学生的反馈，关注学生的动态等。此外，借助微信的热点推荐功能，增强与学生之间的互动，引导学生积极参与学校管理，并提升学生自身自我历练的积极性。此外，广播电视大学还应充分利用现代信息技术推动学生管理系统的建设和更新，准确、及时地为学生的学习进程提供更好的支持，满足学生在广播电视大学学习阶段的各类信息需求。例如，完善学籍系统、招生系统、毕业信息系统，等等。此外，也可以编制供内部使用的学生事务管理手册，对广播电视大学学生管理的各项工作进行详细的介绍，便于学生及时掌握相关信息。

随着社会的进步和经济的快速发展，越来越多的人开始认识到教育的重要性。广播电视大学学生管理工作是学校管理工作的有机组成部分，对促进学生全面发展具有重要的现实意义。因此，我国广播电视大学积极结合时代发展出现的新情况，对学生管理制度进行创新，着眼时代需求和学生特点，做好学生管理工作和教育教学管理工作，为我国广播电视大学发展奠定坚实基础，为社会培养更多优秀的人才。

第五节　大学生社团建设与管理模式创新

大学生社团组织是高校重要的文化载体，是现代大学不可或缺的文化景观，它对丰富大学生课余文化生活起到了十分重要的作用，是校园生活中丰富多彩的一部分，在培养学生兴趣爱好的同时，也为愿意尝试新鲜事物的学生提供了一个好的学习平台，使学生拓展知识层面。目前，大学生社团建设也存在着体制不完善、机制不得力、管理体制不健全等诸多问题。只有突破现有模式的弊端，加强模式的创新，才能为接下来的社团工作起到一定的推进作用。

踏入二十一世纪，我国经济发展速度突飞猛进，高等教育的改革不断深入，全社会都处于改革的浪潮中，大学生社团作为活跃在高校内部的特殊群体，是高校里最具影响力和凝聚力的组织，各高校社团组织数量和每个社团规模不断地壮大，学校对其物资投入不断增多，大学生参与程度提高，但是，在如此良好的发展趋势下，活动缺乏计划性、活动与活动之间缺乏连贯性、文化性不强等问题暴露了出来，导致大学生社团建设仅仅是表面光鲜亮丽，故探索大学生社团建设与管理模式的创新实践是摆在学校社团管理者和学生社团管理者面前亟待解决的问题。因此，有效的内部建设及与外部环境的结合才是目前社团建设必须解决的问题。各个高校不断推出改革方案，通过建立评价体系以及奖惩机制等一系列举措，改善目前大学生社团建设与管理模式，通过不断的跨界思维来实现本质意义上的创新与蜕变。

一、高校大学生社团的价值

近年来，随着素质教育普及力度的加大，大学生社团发展迅猛，各类大学生群体中自发组织的各类社团成立，大学生社团是高校教学的延伸，不仅能丰富大学生的课余生活，还能通过这个平台凝聚更多的大学生。大学生社团是校园文化建设的重要载体，也是大学生实现素质拓展的重要方式之一，加强校园文化建设，提升学生综合素质。

大学为当代大学生提供了一个全方位展示自己的舞台，各类大学生社团的涌现，使大学文化生活更加丰富多彩，给大学生提供了各种施展自己才华的空间，有助于大学生各类综合能力的提升。

二、目前大学生社团存在的问题

（一）缺乏规范化的管理

作为一个非正式的组织，社团具有很大的流动性与自由性，不少学生认为，学生社团不受约束，缺乏组织纪律性，在校大学生没有真正的一线管理经验。虽然学生社团能激发大学生的创造性和积极性，用学生管理学生的方式来进行层级化管理，然而由于学生群体数量居多，缺乏明确分工，很多社团没有形成规范化的体系，活动组织混乱，奖惩机制不完善，各类管理仍有完善空间。

（二）缺乏长远规划性

社团形式大部分缺乏长远的规划性与计划性，在组织过程中缺乏深度与连续性，社团活动的实际效果往往低于预期设想。

（三）学生社团成员素质良莠不齐

很多学生凭着一腔热血进入社团，并非出于爱好或其他原因，加之有些学生社团成立之初实行收费模式，为多收费，只看数量，不看重质量，致使社团在实际运行过程中，有名无实。多数活动也变得没有实际内容，最终呈现恶性循环的态势。

（四）指导教师素质参差不齐

指导老师在社团建设中属于社团活动的策划者，优质健全的社团，指导老师可谓社团活动的决策人，学生社团想可持续性地发展，优秀的指导老师必不可少。但目前高校指导老师缺乏聘任机制，权利、义务并未明确。有些老师并不具备相应的基础知识和专业能力，对学生综合素质的提升并未有明显作用。

（五）活动资金不充足

学生社团群体并无稳定的资金来源，即使通过学校行政拨款等方式，数额也有限，资金来源不稳定也在很大程度上限制了学生社团活动的多样性与深度性。

三、创新大学生社团建设和管理模式的方法

（一）引入奖励竞争机制，完善管理建设，分层级管理

竞争激烈的环境才能促使人成长。因此，引入激励和竞争机制，同时明确对标机制，对应领域内的标杆，并不断学习，对比自身与其的差距，不断地让自己有危机意识，这样才能督促集体或个人不断进步，增进现有不完善的认识，规范严格统一的考

核标准,定期考核,加大优胜劣汰力度,强化社团负责人进取意识和危机意识,对学生社团进行分层级管理,分类指导,确保学生社团健康发展。

(二)加大对社团经费的投入并鼓励多渠道筹集活动经费

必要的活动经费对社团活动的开展是非常重要的,大学生社团的基础较大,对活动资金需求量较大。另外,各类学生社团可充分发挥各自的优势,积极想办法多渠道筹集活动经费,如申报课题、社会企业团体赞助等,并积极与其他组织联合承办活动,通过对方出经费,学生社团积极策划,整体布局,配合人力,达到通过各类实践活动,锻炼自己,并扩大活动影响力的目的。与此同时,在增加投入及筹集资金渠道的同时,要实现收支分离、管理规范的社团财务制度。

(三)参照企业管理模式

参照企业化管理标准,全方位、多维度地完善社团内部各类管理机制,对社团发展至关重要。明确的管理制度可有效解决发展过程中的盲目性。首先要形成完善的干部培养机制,提高大学生社团的整体素质和能力;其次要明确并完善相应的奖惩机制,调动社团内部人员的积极性与能动性,通过表彰、鼓励、团建等方式增强组织内部的核心凝聚力,应加强大学生社团的宏观管理工作,把握好审核的关卡。

(四)建立持续性的品牌文化

大学生社团须在增加核心凝聚力和向心力的基础上,强化品牌意识。如何让自己的社团品牌、社团文化在重多大学生社团中独树一帜,经久不衰?努力营造具有年轻态、有活力、具有鲜明特色的社团文化。要确定优胜劣汰的社团管理机制,加强动态推出机制,摆脱"散兵游勇"式管理,加强民主选举的力度,实现责权清晰、赏罚分明的内部机制。任何一个社团在创建之初都应该树立自身的品牌意识,这个品牌意识应该是长远的且有一定战略规划的。简单地说,社团组织在发展过程中应给自己在每一个阶段设定切实可行的目标,而这个目标的核心价值就是将社团建设成一个品牌。在操作的过程中要遵循实事求是、长远发展的原则,在品牌设计的内容上尊重学生的个性,激发大学生集体的智慧,尤其是在社团活动的设计上,在保证品牌清晰明确的前提下,以现代化的思维推动社团活动的开展。在社团品牌定位明确的基础上需按照管理制度对品牌形象进行进一步的宣传。包装宣传的内容应包含社团活动的内容,也应展示社团学生的基本素质,但是社团的品牌宣传并不是无谓的夸大其词,更不是无用的花哨包装,而是从学生社团文化和价值的角度出发,吸引更多的学生对本社团增加关注,从整体建设角度进行全方位的资源整合推广。

（五）社团活动联系社会企业从而与时俱进，促进社团整体发展

目前，在不同种类社团中以音乐、文学、体育类的居多，这些文艺类活动策划可以利用社会企业的帮助与指导，既可以得到社会企业的支持，也能充分发挥高校的优势，提高活动整体的质量。

四、对未来大学生社团建设与管理的几点建议

大学生社团是学生进入社会前的一种综合性的历练场所，在学生群体中一直以学生管理学生为模式，但是社团的建设与管理，不能单单为了单纯的管理而管理，在长达三到四年的学生生活中，要提前考虑接下来进入社会时的角色转换问题，因此对大学生社团建设与管理提出以下几点建议。

（一）校方、社团通过引导，树立正确的就业观念

加大社团舆论引导宣传，将单纯的校园活动逐步发展为符合社会需求的锻炼平台，树立正确的就业观念与性别观念，以社团为发起方，组织各类模拟就业或与社会组织联合承办各类社会认知活动，根据自身情况制订科学、合理的职业规划，在明确的职业发展目标与方向的带动下，努力提升自我能力，实现自己的求职梦想。

（二）大学生社团带头为在校生建立职业规划与引导平台

大学生社团作为学生群体中的导向队伍，应积极建立未来的职业规划与平台，引导大学生制订科学合理的职业规划和切实可行的就业目标。

（三）鼓励大学在校期间自主创业

在不影响学习的情况下，通过社团的组织，定期发掘有创新意识以及符合商业逻辑的优秀想法，上报至校方，由校方统一对优秀学生进行鼓励与引导。

各个高校校园文化的建设程度是由高校开展活动是否积极决定的。从学校的角度出发，任何一所高等学校都应该认清社团组织对学生大学生活的意义，并积极鼓励其创新和发展，社团类型的多元化也是学校发展的重要元素。从学生的角度出发也应该意识到社团是大学生活的重要内容，是第二课堂的重要组成部分，通过社团活动能提升自身综合素质。只要从本校实际情况出发，选择适合的管理模式，在创新思维的指导下树立社团品牌意识就能加快社团发展的步伐，使大学文化生活质量得到提升。

第六节　大学生社团管理机制创新与实践

　　大学生社团作为学生活动的主要途径之一,可以引领大学生,教育大学生,凝聚大学生,服务大学生,在大学生活中具有重要作用,在新的时代背景下,如何让高校大学生社团更好地发挥作用显得非常重要。本节将分析大学生社团的特点以及存在的突出问题。针对这些问题,结合实际情况,提出大学生社团管理机制创新的方式方法,为大学生社团管理机制创新提供参考意见。

　　大学生对未来国家的建设和发展起到了重要的作用,培养高素质、复合型的创新人才是高校的重要使命,这既是国家经济发展的前提,又是办好高等教育的关键。所以,加强大学生的素质教育,特别是培育具有创业精神和时代精神的大学生是高校建设的努力方向,大学生社团活动是完善素质教育的重要方法和有效途径。

一、大学生社团管理的特点

　　我国大学在教学方面主要是传授专业知识,培养专业素质,以使大学生能够符合社会发展需求。在加强知识教育的同时,我国高校对社团也投入了很多精力,每个高校都会组织或支持建立各种各样的社团,作为大学生活的补充。管理好社团的运行,对于社团的发展和作用发挥具有重要意义,我国高校社团的管理具有以下特点。

　　一是高校社团管理具有一定的现实意义,社团的管理和活动举办主要是为了让学生适应社会发展,培养学生兴趣并丰富业余生活,真正提高大学生的活动能力和表现能力;二是社团管理需要一定的时间,成功的高校社团管理并非一蹴而就的,而是需要经过长时间的持续投入,管理人员要不断地进行系统学习和实践,要求社团管理人员全身心投入;三是我国高校社团的管理成效显性化,通过有效的管理,参加社团的学生更容易实现自我价值,能比较中肯地评定自我。

　　在我国高校中,学生社团多种多样,并不属于新兴事物,但是,对于高校社团的管理仍处在发展起步阶段,在日常管理中,出现了很多问题。

　　一是高校社团缺少统一的管理组织。在一所高校中,各个社团都有自己的管理模式和人员,但是缺少一个专门的组织进行全校社团统一管理。每一个高校社团成立,都要经过正式的申办流程,经由院、校级团委审核后才能成立,各个社团均有自己的管理人员,但由于各个社团的性质不同,信息也有很多不对称的地方,缺少统一的组织进行管理。

二是社团组织活动需要一定的活动场地、资金与指导，这些都不能缺少高校的支持，现在我国的高校社团在申请活动场地、资金与指导中，存在很多冲突，甚至部分社团活动的场地被商业化，同时也有一部分场地因各种形式和理由被占用，导致活动不成功，削弱了社团的发展潜力。

三是我国高校社团管理缺乏专业指导和培训学习。现阶段，在我国高校社团中，担任指导的教师一般是团委或者院内辅导员，这些指导教师多数是利用业余时间从事社团的管理工作，缺少学习管理知识的时间和精力，管理的专业程度不足，很难适应社团发展形势。

四是高校社团管理运行缺少资金的支持。管理社团的过程中会产生一定的费用，然而在很多高校中，并没有专门用于社团管理的专项资金，这就导致了在众多的社团活动中，很多具有很高价值、很好前景的社团活动由于缺少管理资金，实现起来效果并不明显。此外，资金的来源渠道过于单一，仅仅依靠学校的少量补贴和来自社团成员的入团费。若是想发展得长久，必须有多元的资金供应渠道。

二、大学生社团管理机制创新策略

（一）建立符合时代特点的大学生社团管理平台

目前，很多大学都有自己的网络平台，可以将社团管理部分纳入其中，实现网络管理、多元化管理方式。在社团活动实践中，利用社团管理网络平台进行宣传等，可以提高学生访问量、参与度，提高活动知名度，将社团管理工作重点紧贴大学生校园生活关注的热点问题，做到紧抓学生思想、紧贴时代潮流。

（二）大学生社团管理人员要以青年管理人员为依托

在大学生社团管理中，要以青年管理人员为主要管理人员，这有助于实现兴趣引导，突出我国大学生的兴趣发展和未来社会发展的需求。大学生社团管理人员需要专业的知识背景、技能成就与职业素养；同时，还需要能够准确把握社团未来的发展需求及发展趋势，对社团未来发展趋势具有较高的敏感性和较强的适应性。

（三）大学生社团要加强管理方面的制度规范，强化社团管理人员的自我管理

大学生社团管理要建章立制，实现管理人员的自我管理，完善监督机制。在社团内部建立社团申请和资格确认、管理办法、任务目标和考核办法等制度，明确管理模式。同时，要明确社团活动场所、仪器设备使用的制度，减少资源和人力的浪费。大

学生社团管理应当开发创新类项目,丰富活动管理方式方法与管理载体,形成具有特色的大学生社团管理团队。在一定程度上,必须保持为大学生校园生活服务的优良传统。实现自我运行、自我管理,最终实现大学生的综合能力提升。

(四)学校应当设专项资金用于社团管理,并提供场地支持

学校应当设专享资金用于社团管理,以便更好地开展社团活动。在活动使用场地方面,高校要合理配置校园内活动场地资源,满足社团管理和活动举办场地的需求。社团管理层如果有资金支配也要一并配备活动的装置、设备等硬件设施,并合理进行管理,同时做好对资金的监管,保证专款专用。鼓励大学生运用自身技能和社团特色,吸引更多的赞助商来投资社团建设,保证资金有充足的供应,从而使社团长久地发展下去。

大学阶段是人生中最美好的时期,大学生活对于大学生的成长非常重要,大学生社团是学生参与校园活动重要途径之一,可以起到引领大学生、教育大学生、凝聚大学生、服务大学生的作用。因此,在新时代背景下,创新高校大学生社团管理,让社团更好地发挥作用服务大学生非常紧迫。同时若是大学生能够将一个社团办好,对提升他们的各方面素质也有重要的作用和意义。

本节分析了大学生社团的特点、我国大学社团管理存在的突出问题,针对这些问题,结合实际情况,提出了大学生社团管理机制创新的方式方法,以期为大学生社团管理机制创新提供参考意见。

第七节　大学生体育俱乐部管理模式创新

大学生体育俱乐部,是高校根据当代大学生群体思想特点及发展需求建立的体育兴趣平台,在强调综合素质的时代,对大学生身心发展显然是有利的。对于大学生体育俱乐部的管理工作,依然需要进行更深入的思考。只有完善管理体系,才能让学生真正借助体育俱乐部的活动达到健全身心的目的。

大学生体育俱乐部是基于大学生体育兴趣,遵从新时代运动理念建立的活动团体。相对于院校的体育馆,体育俱乐部更倾向于让学生自主开展体育活动,选择自身喜欢的体育项目,加入相应的俱乐部,与社团体系相似。这样的俱乐部体系,能够激发大学生的运动兴趣,但如何管理依然是十分重要的课题,本节将针对大学生体育俱乐部管理创新的重要性、特点、要点进行分析,希望能为管理改革提供参考。

一、大学生体育俱乐部管理创新的重要性

体育俱乐部在许多高校都已建立,这代表着教学改革的落实。相对于教学环境,俱乐部更崇尚学生的自由选择,能够进一步激发学生的学习兴趣,对大学生的综合素养强化有很大的辅助作用。网球、乒乓球、田径、体操、体育舞蹈等,都能作为独立俱乐部共存于体育俱乐部体系之下,成为不同的模块。相对来说,学生有了自主选择的权利,会全身心地参加运动。但不同的俱乐部分支由于项目不同,对于成员及干部的要求也不同,管理很容易混乱,所以体育俱乐部管理模式的创新十分必要,必须有针对性地讨论。

二、大学生体育俱乐部管理的特点

(一)独立化

在俱乐部确定成立之后,必须由专业的导师或是教练针对实际的项目要求去制定管理规章,这样才能体现出不同俱乐部的不同训练要点,让成员的训练有章法可依,这对体育俱乐部来说是必要的。舞蹈项目与田径项目对项目选手的要求不同,田径项目与球类项目对选手的要求也不同,训练方式不同,训练目标不同,各个俱乐部分支的管理不可能有统一的标准,所以应当确保各俱乐部分支管理规章的独立化。

(二)团结化

俱乐部注重团体精神,同一院校的俱乐部或不同院校的同一项目俱乐部,都有一定的关联,因此在管理思想方面,团结共促的精神是十分必要的。同一院校的俱乐部,可定期开展互动活动,如俱乐部联欢会等,促进文化共融。这样的活动还可以拓展到全地区或是全国范围内,即市内、省内、全国的高校俱乐部都可以定期开展互动,让俱乐部运动员之间的交流更加密切,达成体育精神的传播。

(三)规范化

许多人认为高校俱乐部的成员并不需要具备很强的专业性,但实际上并非如此,高校的俱乐部建设,意在为国家培养更多的体育领域专业人才,让俱乐部成员能够真正成为赛场上的健儿,为国争光。所以在实际管理中,必须更加重视对内部成员的筛选与培养,条件不可放宽,必须保证内部成员的能力符合国家竞技运动基本要求,甚至能具备国家层面的竞技实力,这是最主要的目标。在训练及考核过程中,所有动作要求都应严格按照正式竞赛的标准,而且对身体各方面的参数也应有更高要求,让俱乐部成员养成以运动员标准约束自身的习惯,这样才能最终打造出专业优秀的

体育人才队伍。高校的体育人才是未来撑起国家体育发展的预备军,所以,体育俱乐部的训练规范绝不可有丝毫放宽,如此才有可能增强我国的体育实力。

三、大学生体育俱乐部管理创新要点

(一)对体育俱乐部选拔机制模式的创新

首先,大学生体育俱乐部的选拔工作要在全校范围内开展,要面向全校的大学生。当然在高校,体育俱乐部按照运动项目分类有很多,如舞蹈俱乐部、冰雪俱乐部、武术俱乐部和垒球俱乐部等。在各体育俱乐部纳新的时候,要联合学校的宣传部门、校学生会和各班的班干部等,做好宣传工作。例如,利用学校的宣传栏、校园广播和海报等宣传体育俱乐部纳新的信息。对选拔工作的制度、方式、时间、地点等信息进行详细介绍,让每个学生都能全面了解俱乐部选拔工作。其次,在选拔工作期间要严格按照标准进行选拔,杜绝任何形式的违规行为。一方面,俱乐部工作人员和学校相关部门要加强监管,组织成立选拔工作监督小组,对选拔工作进行严格监管,并公布监管结果,对违规选拔的个人或团体予以严厉处分,保障体育俱乐部选拔工作的公平公正;另一方面,俱乐部工作人员和学校相关部门要发动全校学生对体育俱乐部选拔工作进行监督,充分调动学生积极性,利用学生群体的力量,确保选拔工作顺利开展。

(二)对体育俱乐部管理结构的创新

大学生体育俱乐部是双层管理结构,要建立学校引导层,对体育俱乐部的建设和发展进行有效的引导、监督,确保俱乐部能够始终朝着正确的方向发展。首先,学校要组织具有体育专业管理经验的教职人员组成俱乐部引导管理小组,作为体育俱乐部管理结构改革的核心力量入驻各俱乐部,对俱乐部当前的管理乱象进行有效整改,迅速清除俱乐部管理改革障碍,为学生参与俱乐部管理工作奠定基础;其次,引导小组工作人员应深入俱乐部管理整顿工作之中,对俱乐部现有的管理情况进行整理汇总,对历史管理信息进行深入分析,从而形成完整的体育俱乐部管理工作资料库。

(三)对体育俱乐部资源的整合创新

传统的大学生体育俱乐部发展的主要支柱是学校,如果没有学校的支持,可能会寸步难行,这样的俱乐部资源过多依靠学校,很难创造出自己的特色。因此,一些规模较小或者体育运动水平较低的体育俱乐部,由于学校对其不重视,缺少支持,久而久之陷入尴尬境地。鉴于当前俱乐部对学校资源过度依赖,在新的发展阶段,大学生体育俱乐部必须采取科学的创新模式，走出困难境地。我们要通过体育俱乐部资源的整合，获得社会资源的支持。一方面，体育俱乐部充分利用自身的特点，寻求与社会的合作。例如，和社会上一些相同或者相似的俱乐部联合活动，获得更多的支持。另一方面，体育俱乐部管理工作人员要深刻认识到自身发展的重要性和独立性，要建立以发展为主要管理目标的信念，不断寻求全新的发展，充分利用现有资源条件加速俱乐部的发展。

大学生体育俱乐部是大学生追求体育兴趣、达成体育梦想的重要平台，也是为国家培养高素质体育人才的重要后备力量，为了达成这些目标，我国各大高校必须重视体育俱乐部的管理革新，让更多学生借助体育俱乐部达成梦想，实现发展。

第八节 高校大学生班级管理模式创新

高校大学生班级是大学生在校学习生活、情感交流的重要场所。对班级管理模式进行改革创新，有利于增强班级凝聚力，培养学生健全人格，树立良好班风和优良学风。

一、大学生班级管理模式创新的重要意义

（一）有利于形成良好的组织氛围，提高班级管理实效

先进的管理模式有利于增强组织成员的积极性，形成良好的组织氛围，提高组织的管理效果。班级作为社会组织中一种人数较少的组织，是学校的重要组成部分。因此，班级的管理水平和质量直接影响着学校教育目标的实现。

（二）有利于培养学生的创新意识，提高课堂教学效果

班级管理创新能够帮助学生实现自我发展，培养创新意识和创新精神，引导学生主动发表自己的看法和观点，培养学生的质疑精神。

（三）有利于更好适应社会需求，培养高素质人才

创新班级管理，通过开设专业课以及建立学生与老师的班级群，利用网络拉近师生间的距离，引导学生加强专业知识学习，提高专业能力。创新班级管理模式能够促使学生积极主动地提出有利于班级发展的建议，使学生自主营造创新氛围，提高学生的求职能力，以更好地适应社会需求。

（四）有利于契合学校培养方向和学习氛围

班级创新管理注重以人为本，鼓励学生综合素质的发展，培养学生的主体意识与承受挫折的能力，引导大学生有意识地磨炼品质，锻炼意志。

二、大学生班级管理存在的问题

笔者以湖南科技学院在校大学生为调查对象，采取随机抽样方式，共发放调查问卷110份，其中有效问卷98份，有效回收率89.09%。经调查统计发现，大学生班级管理存在的问题主要有以下三个方面。

（一）班级关系松散，学生凝聚力不强

调查发现，42.86%的学生认为个人在班级中所起的作用是积极作用，32.66%的学生选择消极作用，24.48%的学生认为个人在班级中没有什么作用。在班委会选举中，积极参与投票的占57.14%，随意投票者占31.63%，弃权者占11.23%。在参与班级活动方面，积极参加者占62.24%，有选择性参加者占34.69%，不参加者占3.07%。由此可见，部分学生对班级管理及活动既不关心也不感兴趣，传统班级管理模式在管理方式较为自由的大学校园受阻，学生的班级荣誉感缺乏有效培养。

（二）班级活动乏味，学生厌倦感强烈

调查数据显示，在参与班级活动的动机方面，选择提高班级管理能力，加强交流的占45.91%，维护自身利益者占32.65%，被强制参加活动者占21.44%。在参与班级活动的因素上，32.65%的学生认为活动是例行公事，29.59%的学生认为活动与自己无关，22.44%的学生认为没有时间参加，15.35%的学生认为没有足够的信心参与活动。在日常的活动形式上，59.18%的学生倾向于参加班级春秋游，22.44%的学生倾向于参加文体活动，选择班会、团日活动的学生占10.2%，倾向于参加读书分享会的学生占8.18%。这说明传统班级管理模式下的班级活动类型单一、内容单调，因此学生参与的积极性不高。

（三）班级执行力不强，信息传达不畅

调查显示，在获取班级事务信息方面，73.46%的学生通过班级QQ群、微信群了解，23.51%的学生通过班委会获知，3.03%的学生主动询问获知。在班委会成员工作是否称职方面，43.87%的学生认为工作到位，47.97%的学生认为班委会成员工作水平参差不齐，8.16%的学生认为其工作不称职。在班级的规章制度执行方面，64.28%的学生认为流于形式，22.46%的学生认为执行到位，13.26%的学生则认为约束力较低。

三、大学生班级管理存在问题的原因分析

（一）班级认同感不足

班干部的主要工作是组织开展活动，与同学之间的沟通交流较少，联系不紧密。首先，班级活动个人参与度不足，很多活动没有以班级为单位开展，同学间交流联系少；其次，班级活动的要求不严格、缺乏互动性，导致班级成员对活动的期待性不高，积极性不足。班委会成员的班级管理模式未曾转变，仍停留在高中阶段那种仅仅依靠班委会按部就班的工作模式，未能与班级成员积极沟通，建立良好的互动关系，班级的认同感大大降低。

（二）活动缺乏创新性

大学生活中，班委会举办的班级活动是学生学习、生活、交流的重要组成部分。而班级活动创新意识薄弱，不能从身边的主流媒体、报纸、杂志中得到灵感，活动主题较乏味，活动形式多限于讲座、会议、报告、宣讲等；不能将专业知识与生活实践紧密结合起来，这就导致学生不愿听、听不进去。另外，在班级活动的各个环节没有进行精心的设计预估，缺乏组织协调能力，秩序较混乱，导致活动达不到效果。

四、新时代班级管理模式创新路径

（一）实施"以人为本"的班级管理

（1）为使每位学生都可以得到充分、全面的发展，在班委会选举时可以采取个人自荐、集体推荐、自愿抽签等方式进行选举，定期或分阶段对班干部服务的质量与水平进行考核，评选出服务意识强、工作能力突出的较为优秀的班干部，以此提高学生的竞争意识与服务意识；（2）建立健全班规。俗话说"没有规矩，不成方圆"，班级的管理离不开严谨健全的班规，而班规需要全体师生共同制定，集体签字确认，严格按照奖惩制度执行。班委会要担负起职责，在做好表率的同时严查违反班规班纪的行为，营造良好的学习氛围；（3）班级制度的执行方式要体现以学生为本。班级制度规范的对象是正处于发展阶段的学生，在学生违反规定时，执行规定的过程中应该多些理解，多给学生几次机会，让其在反思中不断成长。

（二）高校教育管理者对班级管理的参与指导

在大学生的学习生活中，班主任和辅导员发挥着不可忽视的作用。高校辅导员、班主任作为高等学校教师队伍的重要组成部分，是高等学校从事德育工作、开展大

学生思想政治教育的骨干力量，也是大学生健康成长的指导者和引路人。当前，高校辅导员的角色定位和工作职责主要包括思想价值引领、党团和班级建设、日常事务管理、心理咨询、就业指导等方面。在传统的班级管理模式中，对辅导员、班主任的依赖性太强，基本无法自主组织开展班级大型活动，导致学生自我管理、自我教育、自我服务的能力得不到锻炼和提升。而在创新型班级管理模式下，辅导员、班主任职责划分已经发生变化，将辅导员、班主任的班级管理职责向班干部倾斜，积极鼓励、支持班委会自主创新开展班级活动，增强班级凝聚力和向心力，让辅导员、班主任成为班级事务管理的协助者，真正让学生成为管理服务的主体。

（三）新媒体平台的开发与运用

当下，新媒体平台的使用已融入社会的方方面面。班级管理模式的创新应紧跟时代潮流，运用网络科学技术，能够更系统、更高效地管理班级。(1) 灵活运用 QQ、微信、微博等新媒介对班级学生进行管理，既能拓宽学生之间的交流渠道，也能让学生更快获悉班级事务，还能让学生更多地了解班级并提高学生对班级的热爱程度，增强班级凝聚力。(2) 重视家校合作，建立家校联系群，家长能够直接与辅导员、班主任沟通，了解孩子的在校情况，辅导员、班主任与家长之间能够进行无缝式的家校育人交流协作，有针对性地采取措施提高育人效果。(3) 利用新媒体渠道建立班级学生成长档案，记录每位同学从开学到毕业的精彩瞬间，根据老师的要求针对不同的同学制定目标导航，让每位同学都有前进的内生动力，及时提醒学生应该做什么，让学生积极充实地度过大学生活。

（四）班级管理人员的专业化

随着教育改革的发展，如今的教育已经进入了一个开放化、信息化、多元化的教育时代。对于班级管理，专业化已成为一个不可缺少的关键词。社会竞争的加剧对大学生的要求越发提高，这需要在校大学生不断提高专业知识以及综合能力。通过精心组织开展专业图书角、读书乐享会等活动，积极引导学生去阅读与专业相关的书籍，增强专业知识的能力。同时促进学生主动积极地与专业老师进行交流，了解本专业的就业前景及就业方向，为自身的学习发展奠定基础。班委会定期开展社会调研与社会实践活动，使每位学生得到充分的锻炼成长，与社会有效对接，提前认识到社会对大学生的要求，使学生对自身发展精准定位。

班级管理模式不是一成不变的，它随着时代的变革而不断创新。班级管理模式的改革符合时代的发展，是始终坚持育人为本、与时俱进理念的有效体现。班级管理模式的创新必将给当代大学生在班级学习生活、情感交流中注入新的生机与活力，最终内化为大学生综合素质能力的提升。

第三章 大学生管理创新模式研究

第一节 大学生管理工作模式创新

一、我国传统高校管理模式的反思

自中国有高等教育以来,传统的高校学生管理模式就是典型的行政型管理模式。不管是清末的京师大学堂,还是民国的各类高等院校概莫能外。特别是新中国成立后,国家对教育实行高度集中统一的计划管理模式,教育计划与国民经济建设计划紧密相连,学生就学全部免费,工作由国家包分配;高校学生工作的通常做法就是从学校的条条框框出发,要求学生去适应各种各样的规章制度和教育管理方式,各项计划和管理比较容易脱离学生实际。

第一,高校与学生之间的关系为特别权力关系,在这种管理和服从关系模式下,学生成为师生关系中被动接受知识传授和管理的一方。在计划经济体制之下,学校是直接依据国家计划来办学的,学生从踏进大学校门起就被限定在一个严格的专业之中,直至毕业。除了按部就班地掌握本专业已经为他们设定好的学习内容外,很少有机会按照个人的意愿和特点去自主学习,选择职业、工作地点等。第二,过于强调外在规范管制,对学生自我约束的引导不足。目前,多数大学的校、院(系)、班三级学生管理的工作重心是用严格的校纪校规来规范、约束学生的行为。以一种管束学生的强制性态度和检查、监督的方式对待学生,而忽略了启发、引导学生的自我管理意识和自我约束能力。在这种管理方式下,学生缺乏参与管理的积极性和自我管理的主动性,那些外在的各种规范管制,不仅很难内化为他们的自觉要求,而且容易引发学生与管理者的冲突,影响师生关系的和谐,并使管理工作的效率大打折扣。第三,传统的能力评价观束缚了学生的自我发展。传统的学生管理体现出要求整齐划一、统一的思想倾向。对学生的评价、鉴定、奖励、就业推荐等一般在相对固定的几个大的方面,以学生平均状况为基准,把每个学生的相对成绩表现划分等级。这种评价会给学生这样一个意识:考试分数高的同学就是能力强的学生,考试分数高就会有好前途和更多的发展机会。这种重统一、轻个性的模式化管理显然不利于学生主体结构的全面发展。

在传统的学生管理模式下,把所有学生当作一个整体,实行标准化、统一化管理,就会抹杀学生的个性。受此影响,传统的教育模式习惯于让学生处于被动、从属地位,把学生仅仅当作受教育者,这显然不利于"创新人才"的培养。在传统的学生管理模式下,学生的教育培养呈现出以下缺点:第一,重知识轻能力。传统教育模式忽视学生能力的培养,对学生的教育评价缺乏科学性,使"分数"成为衡量学生的根本标准,造成了"高分低能"现象的出现。第二,重智育轻德育。传统教育模式过度地把学生的智力发展放在优先位置,甚至不惜降低对学生其他方面发展的要求,导致学生的发展不均衡、不全面。第三,重共性轻个性。传统教育模式对学生实行"规模化""批量化"培养,使许多学生的学习潜力得不到深入挖掘,同时又使许多学生被强制性淘汰,得不到最适合自身的教育。第四,重过程轻结果。传统教育对同一年龄段的学生实行统一入学、统一毕业的"工厂化"教育模式,过分注重程序与步骤的统一,忽视了学生个体差异对学习成绩和教育效果的影响,不能做到因材施教、因类施教。第五,重灌输轻引导。传统学生观认为教师和学生之间是管理者与被管理者的关系,学生被要求无条件地接受学校的教育管理,学生的学习自主权得不到尊重。与此同时,学校在对学生的教育管理过程中,对一些日常性的事务管得过多,对于学习方法、学生心理、就业择业观念等却缺乏必要的引导。

二、新时期高校学生管理模式的探索与创新

学生上学交费、毕业自谋职业、民间资本兴办高等学校谋利等等,预示着中国高等教育已经走向市场化、产业化,大学生从一个高等教育的无偿受益者转化为高等教育的消费者,其角色转化导致的高校学生与高校之间社会关系内容的变化,必然导致高校管理模式、管理理念的变化,而这种变化是应该遵循市场规律,适用市场规则的。

(一)大类招生背景下高校学生管理模式的探索

当前,许多高校在本科教育中采用了按大类招生的管理模式,即在高考录取时不分专业,按大类进行招生,学生进校后经过一定时间的基础课程学习后,再根据自身条件和社会需求选择专业。这样可以使专业选择更贴近学生志愿,更能反映社会需求趋向。由于这种模式与目前高校实行的学分制改革紧密联系,在人才培养上具备一定的灵活性,符合当今高等教育教学改革的大趋势,因而被越来越多的高校所采

用。以往我们设置的专业划分过细、口径过窄、针对性过强,培养的学生思维较古板,创新性不足,已经难以适应现代社会大环境的要求。按大类招生及培养,能有效地在学校内部利用多学科的优势,克服原有院、系的框架,打通相邻专业的基础课程,实现多专业的有机组合。同时可以有效地使专业向复合型转化,进一步促进和加强新专业的建设,在学科或学科群的范畴里,对学生进行更全面的教育培养,以顺应科学技术发展综合化的趋势。但是,这种大类招生模式和高校普遍采用的学分制,给高校学生管理提出了新要求和新挑战。

在当前高校体制改革的新形势下,把ISO9000标准导入高校学生工作评价中,是高校学生管理制度科学化、规范化的迫切需要。ISO标准是国际标准化组织(ISO)颁布的质量管理体系标准,它适合世界各类组织。贯彻ISO9000标准,是通过控制组织的工作过程来保证组织的产品及服务对象符合法律法规和管理、技术规范等要求。高校学生工作组织是一个组织,其管理及服务对象是学生,其对学生的管理也是一个动态的过程管理。也就是说,高校学生管理工作是有组织、有对象、有过程的管理,因而适合ISO9000标准体系。在当前高校内部教育体制改革的新形势下,把ISO9000标准导入高校学生工作评价中,一方面,首先应确立高校学生工作的质量方针,确立学生工作目标,然后再把目标转化成易于测评的指标体系。高校学生工作可被分解成五个方面的"一级质量目标":学生思想道德建设、学风建设、组织建设、纪律建设、后勤建设。以上五个方面可细化为若干个子项,如组织建设可被分解为党组织建设、团组织建设等四个子项,各个子项可再细分为若干个目标指向,最后若干个目标指向再被分解为若干个点。高校学生工作组织以完成子目标的点数作为考评其学生工作成绩的依据。另一方面,对高校学生工作的认证,不是给学生工作组织本身认证,也不是给学生工作组织的上级组织认证,而是由隶属于国家质量认证中心的第三方权威评审中介机构来认证。高校学生工作通过与第三方评审机构的有机融合,可以有效地防止高校学生工作的盲目性和随意性,最重要的是这一改革引入了外审机制,由社会中介机构来评价高校学生工作业绩。中介机构不是学生工作组织本身,也不是学生工作组织的上级组织,他们是以事实为基础,将高校学生工作作为审核对象进行评价、监督,有其客观性和公正性,能有效地推进高校学生管理工作的发展。

(二)学习借鉴美国高校学生管理体制

美国高校学生管理体制与我们不同。在我国的高校,学生工作的重心在院系,各院系都有分管学生工作的党总支副书记和副院长,下设年级政治辅导员,我们是以班、年级为单位管理学生的。而在美国，学生工作的重心在宿舍部，宿舍部配有正副部长及部长助理若干名，宿舍部下面是学生宿舍，每个宿舍都配备专职管理员，他们是以学生宿舍为单位管理学生的。

学分制是促使美国高校将学生工作基地放在宿舍的最主要原因，美国各高校实行的是完全的学分制，学生进校不分班、不分年级，在开始一两年中也没有专业和系的概念，集体宿舍是学生相对稳定的地方，故他们以宿舍为单位管理学生是合理的。我们的管理体制是块状的，每个学院就是一个块，这个块中五脏俱全：有教学科研，有学生管理，有党政工团工作等。而美国高校的管理体制是条状的，各项工作细化成不同的条，教学科研这一线条在系里，学生生活这一线条在宿舍部。教育管理体制上的差异决定我们学生工作的主要基地在学院里、在班级和年级中，而美国学生工作的主要基地在学生宿舍。不难发现，中美两国存在一个共识，即开展学生工作必须要有一个抓手，这种抓手形式就是集体。我们主要是抓学院这个集体，抓班和年级这个集体；他们是抓宿舍这个集体，抓宿舍的每个层、每个寝室。

美国高校的学生管理体制，即以宿舍为单位管理学生的方式值得我们参考。这有双重原因：其一，随着教育改革的不断深入，我们在许多地方将和国际接轨，比如学分制的推广，到那时，班级和年级的概念没有了，系和专业的概念也将被打破，学生工作的重心有可能向学生宿舍转移。其二，宿舍实际上是学生课堂的延续，或称第二课堂。从时间上来说，学生待在宿舍里的时间一般要长于在课堂的时间；从空间来说，宿舍不仅是学生生活和休息的场所，也是他们学习的园地，信息获取的窗口，思想交流的渠道，娱乐的天地。学生人生价值观的形成和变化在很大程度上受宿舍氛围的影响，但学生中的事端也往往发生在这里。故学生宿舍是思想政治工作的一个相当重要的阵地，即使不实行学分制，我们也应该很好地去占领。美国高校学生管理注重制度化、规范化、科学化。制度化主要表现在规章制度的严格健全上，仅宿舍管理就有饮酒制度。美国各州法律都规定，21岁以下者，在公共场所不得饮酒。在学生宿舍也有相同的规定，若学生违反这个规定，第一次被发现要参加由宿舍部举办的3小时学习班，再次发生则要参加义务劳动或搬出校园，屡教不改或饮酒肇事者则要被开除出校。安静时间制度。为确保大家的学习和休息，美国一般规定平时每天晚上10：00到第二天上午10：00，周末晚上12：40到第二天中午12：00为宿舍的安静时间，在这段时间，寝室里的电视机和音响不能开得过响，在走廊上不得跑步，只能轻轻地走，不准在走廊和卫生间高声谈笑。考试期间，安静时间每天为24小时。如有人违反上述规定，学生管理员和学生会的干部，乃至其他学生都会出来干涉、做工作。会客制度。每天早上9:00前及晚上10:00后不得会客,其余时间可会客,但要登记。客人留宿制度。平时寝室里不准留宿客人,周末可以,但留宿时间不得超过3天。吸烟制度:在美国,每个宿舍都有一些允许吸烟的房间,在其他房间和公共场所不可以吸烟。关于家具及使用电器的规定。寝室内家具不可以搬离或移动位置。寝室内只可以使用电视机、录音机、咖啡壶、小型微波炉以及5.4立方米的电冰箱,如果使用其他电器则一律没收。四禁制度:严禁赌博、吸毒,严禁将动物和枪支弹药带进学生宿舍。安全撤离制度:为保证人身安全,各宿舍都装有火警报警器,若听到报警声,不管在白天还是深夜,全楼人员必须迅速撤离大楼,对滞留者处以重金罚款。如果听到龙卷风等预报,也必须迅速撤离房间到地下室躲避。赔偿制度:宿舍大门钥匙或厨房钥匙丢了要罚款,损坏公物要照价赔偿。

在我们中国,高校学生管理方面也有制度化的特点,我们的规章制度绝不少于美国,也以学生宿舍为例,我们有会客制、熄灯制、清洁卫生制、家具电器使用制、赔偿制等。在建立规章制度方面双方有许多共同点。首先是认识上的一致,大家都认为对学生的教育,除了做说服工作外,还必须建立一套必要的规章制度(教育和管理相结合),前者带有自觉性,后者带有强制性,两者是相辅相成、缺一不可的。特别是集体生活,规章制度显得尤为重要,集体宿舍的规章制度可保证学生有一个良好的、有序的学习生活环境,能使多数人的利益得到维护,能使学生养成良好的行为规范。

美国高校学生管理方式的科学性是指广泛地应用计算机。他们干任何工作都借助电脑,如学生宿舍的分配就如此。新生在进校前必须填写住宿申请单,写明希望住哪栋学生宿舍,对室友有什么要求,自己的生活习惯如何,本人是否吸烟、是否介意别人吸烟、是否愿意住在语言区。一般可以填报三个志愿。宿舍部将申请单收齐后输入计算机,再将分配结果反馈给学生。故新生在入学前就已经知道自己将住在什么寝室,并知道室友的名字及电话。在管理的规范化和科学化方面我们与美国相比有一定的距离。在规范化方面,我们的管理项目不比美国少,主要问题是不够到位。在管理的科学化方面,管理的手段也没有美国先进。

(三)依法治校,实现高校学生管理模式的法治化

1. 高校学生管理模式法治化的必要性和紧迫性

首先,高校学生管理法治化是依法治国的重要组成部分。依法治国,建设社会主义法治国家,已成为加强社会主义民主和法制建设中的最强音。全面的依法治国应当将社会中各种关系纳入"法治"的范围,由"人治单元"组成的"法治社会"是不可想象的。同时法治社会也必然对其构成因子产生此种客观要求,这两者存在互动关

系。在这样一个大背景下,学生与高校的关系发生了变化,过去我国高等学校运行的经费来自国家拨款,高校管理者的管理权是行政权力的一部分。虽然从宏观上来讲,国家行政权来自人民的公意,但特定到学生与学校的这一具体关系,则是一种纵向的服从与被服从的关系。但自1997年以后,普通高校全部实行并轨招生,学生自费就学,自主择业,学校收取费用,提供服务,学生与学校之间的关系转变为契约关系。管理者的管理活动不再依据其作为管理者的身份,而是依据契约,与学生达成的契约以及学生之间达成的契约,这二者之间时有交叉。由此高校学生管理工作中学校更多的是以民事主体的身份出现的,当然也不排除其出于社会公益目的而为公法授权之行为,比如依据《教育法》对学生学籍进行管理,依据《学位管理条例》授予学生学位以及依据原国家教委《普通高等学校学生管理规定》行使相应的行政管理权,但其管理活动需纳入"法治"的道路是毋庸置疑的。

可见,高校学生管理模式法治化是高校社会主义办学方向的自我要求。高校作为社区、社会生活的重要组成,作为科技、文化的辐射源,对整个社会的法制化建设都具有重要影响。党把依法治国、建设社会主义法治国家确立为我国新时期党和国家重要的治国方针,这是政治体制改革的基本要求和主要任务。社会主义法制化国家的建立,不仅需要有完备的法律体系,更需要全体公民具有良好的法律意识和法律素质。高校培养的人才是未来我国经济和社会发展的重要力量,其法律意识、法制观念如何直接关系他们在今后的社会生活中的行为方式是否符合法律规范的要求,关系国家事业的发展。同时,作为较高文化素质的人才,大学生的言行举止对社会具有较强的影响和示范作用,通过对他们进行法律意识、法制观念的教育,运用法律手段来规范他们的学习、生活,促进他们素质的全面提高,使他们形成遵纪守法的习惯,有利于推进全社会的法制化进程。

其次,高校学生管理模式法治化是培养创新人才的必然要求。高校的管理环境是创新人才成长的土壤,强调公平、效率与秩序的法治环境能为人创造性地发挥提供保障。有人担心高校学生管理模式法治化会人为设置一些条条框框,不利于创造性地发挥,这是对法治的误解。为鼓励创新提供的最有效的保障就是在高校中建立公平竞争的环境,这样才能保障学生创新的积极性不受挫伤。学生通过自身努力得不到回报,或者发现那些没有通过努力而采取其他不正当方法的人也取得了和自己一样的成果,这都是对学生积极性的极大伤害。因为高校是他们踏入社会的第一步,在高校获得的社会经验对以后的人生会产生巨大的影响。高校管理如不能从制度上保障学生的权利,让所有人在公平的环境下竞争,将会从根本上扼杀学生的创造力。

因此可以说实现高校培养创新人才的目标,必须依靠高校学生管理模式法治化。

再次,高校学生管理模式法治化是高校管理体制改革的内在要求。在市场经济体制下,高等学校已从计划体制下的纯公益性事业单位转变为既坚持公益性又有产业性的教育实体单位。学校作为独立的事业型法人,享有办学自主权。学生享有自主决定报考学校及专业类别、缴费上学、接受高质量的服务和受教育的权利。学校与学生的行为受符合法律、法规的双方各自利益意愿的约定,即合同的调整。学生报到注册取得学籍即表明做出接受学校的教育、管理和服务,遵守学校的规章制度,缴费上学的承诺。而学校接收学生入学,表明学校要按约提供优质的教育教学服务,使学生圆满完成学业。双方依合同约定享有权利和履行义务。如学生违反合同,不履行遵守校纪校规的义务,则学校按法律、法规规定及合同约定行使权力给学生以处分,学生承担违约责任。反之,学校不履行义务,构成违约,则学生行使权力,如请求权、申诉权或者使用诉讼权维护自己的正当权益,学校应承担违约责任。高校内部管理体制改革的不断深入,高校后勤社会化的进程日趋加快,学校不再依据其作为管理者的身份,而是依据与学生达成的契约对学生进行管理。社会化的后勤实行开放式的管理,要使大学生既能适应后勤服务社会化的管理,又要实现高校教育培养目标。实现学校管理与社会管理的接轨,就必须实现高校学生管理模式法治化。

最后,高校学生管理模式法治化是改善和加强高校学生管理工作的现实要求。虽然我国高校开设了大学生思想道德修养和法律基础公共课,但是不少大学生对这门课并不重视,有些学生即便学了也是为了应付考试,最终导致学用分离,重学轻用,法律意识淡薄,不考虑自己的行为责任,更谈不上用法律来严格规范自己的行为。他们总感到自己还是学生,还不需要用正式社会成员的标准来要求自己,法律应对他们网开一面。因此在校园生活中,一些学生随心所欲,想干啥就干啥,破坏公物、胁迫他人等违纪、违法行为时有发生。这些完全可以从《刑法》《民法》《治安管理处罚条例》等法律、法规条文中找到处理的依据,然而在实际处理中总是按校规来处理。而大学生们认为校内的制度是有弹性的,即使处理了,他们也只认为是违纪,而不认为是违法。这就混淆了法律和纪律的概念,影响了法律的尊严。甚至有的司法机关出于对大学生前途的考虑,在处理学生违法行为时就低不就高、就轻不就重,将违法作为违纪处理,这在某种程度上助长、放任了学生的违纪、违法行为。未实现高校学生管理模式法治化,没有用法律法规来调整和规范大学生的行为,不利于提高学生管理工作的效率与质量。

高校学生管理模式法治化的紧迫性。一方面,从我国高等教育大的层面来看,法律规定的缺位、滞后与粗糙是高校学生管理模式法治化进程中待解决的问题。在我国高等教育方面法律规定的定位，最突出地表现在缺乏必要的纠纷解决机制方面，尤其是缺乏受处分学生对处分不服如何救济的法律程序。众所周知，在改革开放至今的40年里，尤其是近些年，我国高等教育取得了突飞猛进的发展，高等教育领域正在进行着一场深刻的革命，目前我国的高等教育已经基本上完成了从"精英教育"向"大众教育"的转变，加之近些年社会经济、文化的迅速发展及人们观念的改变，我国高等教育正面临着前所未有的新形势，这些当初计划经济占主导地位时期由"政府推进型"立法所产生的法规本身就笼统、粗糙，这些法规在新形势面前已经显得"力不从心"。如《普通高等学校学生管理规定》第63条规定对品行极为恶劣，道德败坏者，学校可酌情给予勒令退学或开除学籍处分。另一方面，具体到各个高校，学生与校方纠纷的增多也使得高校学生管理模式法治化成为现实而紧迫的问题。例如，为了严肃考风考纪，有些学校规定，考试作弊一经发现即对作弊的考生处以勒令退学或开除学籍的处罚。被勒令退学或开除的学生其命运与前途往往就此毁于一旦，如此规定是否违反高等学校教书育人的宗旨等等，就其规定本身来说，其实就是不合法的。按照《普通高等学校学生管理规定》第12条的规定，对于"考试作弊的，应予以纪律处分"；第29条规定应予退学的十种情形之中，并没有不遵守考场纪律或作弊应予退学的规定；第63条虽然规定了"违反学校纪律，情节严重者"，可给予勒令退学或开除学籍处分，但前提是高等学校"学校纪律"规定本身应该符合我国有关法律的规定，而不能在法律规定之外任意扩大、自我授权。由此，这种仅依据学校内部的一纸超越甚至违反我国现行法律规定的管理规定就剥夺受处分学生享有的受《宪法》保护的受教育权，其合法性实在值得怀疑，也难免有些学生因此而将校方告上法庭。

2. 法治的主要内涵和目标

把握法治的内涵首先要澄清两种模糊认识。其一"法治"不同于"法制"。从本身的含义来说"法治"是指严格遵法、守法，依法办事的原则，而法制是指一定范围内的法律制度或法律上层建筑系统；法治是运用法律及其制度为基本手段和方法来治理，是法制的功能要求和动态过程，是包括法制在内的更大的制度。其二"法治"是指"依法"管理，即将法作为学生管理的最高权威，没有任何个人或利益集团可以凌驾于法之上，而不是"以法管理"，不能将此仅仅作为学生管理的一种工具和手段，否则就会陷入法律工具主义的误区。从某种意义上来讲，法治实际上是对社会的权利、义务、权力、责任等进行合理分配的一种制度设计和安排。权力是法治的一个重要因素。权力具有极大的权威性，这必然会出现这方面的结果。一方面，权力的权威性会给人民和社会带来利益,它是法治所要建构的社会秩序产生的前提,也是法律真正得以实现的基础;另一方面,权力的权威性使之存在着对社会和他人潜在危害的可能,因此它也是法治所要制约的主要载体。权力的制度化、法律化,是使权力在运行过程中依照已由法律规定好的行为模式合法运行。权力的制度化应包括以下几个方面的内容:一是保证权力具有极大的权威性,以实现权力的正当目的,这主要是指权力用以维持社会秩序与安全、保障自由和权利及实现社会发展目标。但制度化的权力只与特定的职位相联系而非人格化,而职位是对所有公民平等开放的,这有利于防止因权力的过分人格化而出现的利用权力谋取个人私利的腐败现象出现。二是应确立保证权力分立的制度。权力过分集中在某个人或某个机关手中,一方面,由于缺乏权力内部的分工,而降低权力的效率;另一方面,更为重要的是由于权力的过分集中,使权力间失去互相制约的可能,而产生更大的任意的可能。这种任意如果由好人来行使,也可以"使好人无法充分做好事,甚至会走向反面"。如果一旦由坏人来行使,过分集中的权力将会极大地损害社会和公民的权利。在人治社会人们只能依赖圣君贤相,但法治合理的权力制度可以把权力的潜在危害降到最低点。三是以权利作为权力的运行界限。早在十八世纪孟德斯鸠就认为,一切有权力的人都容易滥用权力,这是万古不易的一条经验。有权力的人使用权力只有在遇到权力界限时才有休止的可能。在法治之下,应形成以制度化的权利制约权力的机制。基于这样的设计,权力的制度化包括以宪法、行政法、诉讼法等法制确定权力的产生、构成、限制、运行、保障、责任和监督制度。权力的制度化,使法律成为使权力合法化的唯一手段,通过法律可以准确地确定官方权力的范围和界限,从而有利于实现通过法律对权力的控制,以确保权力的行使符合正当的目的,防止出现权力的误用和滥用。

　　权利是法治的另一要素。以法律的形式对权利和自由进行合理分配是法治的目的。权利的制度化是指将社会中的权利要求转化为法定权利。现代社会起源于商品市场经济的发展,在这种经济条件下,社会关系主要体现为物质利益关系和平等交换关系,这就必然产生人们对利益和平等的权利要求。但是仅有权利要求是不足以保证权利实现的,加之现代社会各种利益的冲突,人们的权利要求也各不相同,只有将这些权利要求通过立法者的选择和平衡,在具体的法律法规中将其制度化,才能确保权利真正受到保护和得以实现。权利的制度化具体表现在:一是有关权利主体的制度,主要指权利主体地位的规定,权利主体不仅包括公民、法人,还应包括政党和其他社会组织;具体权利义务的规定,如公民政治权利的规定,主要有选举权和被选举权,言论、出版、集会、结社、游行示威权,知情权和参与决策权;利益方面的权利,如所有权、劳动权、平等权、继承权、投资权,等等。但权利永远不可能是任意和无限的,权利行使的绝对化,必然会导致无视权力和他人权利,给社会造成灾难。因此法律在将权利制度化的同时,也应通过义务的设定,使权利主体在享有权利的同时也应承担义务。责任方面的制度。任何主体包括公民、法人、政党等权利主体对权利的滥用和对义务的漠视都应承担法律责任。二是有关权利实现的制度。将法定权利转化为实有权利,这才是法治所应追求的目标,在将权利要求转化为法定权利时,必须考虑权利的经济、政治和法律保障制度化。三是权利救济制度。当合法权利受到非法侵害时,法律应提供有效、及时的法律救助,这主要表现在各种诉讼制度上。以保障公民基本权利的宪法和其他单行法规,以产权制度、法人制度和契约制度为核心的现代民商法,都在致力于实现权利的制度化。

完善可行的权力和权利制度是判定一个社会是否真正实现法治的最基本的制度准则。以此为出发点形成一系列的法律制度、规则、原则和概念,它们共同构成法治的制度标准。实现对学生管理的法治化,单纯仰仗法制是不够的,而且要建立一个学生管理法治系统。这个系统应包括:法治的主体系统——民主系统,即校园内以民主形式组建的对学生管理工作具有决定性影响的组织;法治的思想观念系统——它是学生管理工作的主导系统;法治的教育系统——包括对管理人员的法治观念的培训以及对学生的法律教育系统;法制系统——包括调整学生管理活动的由国家制定的法律、法规以及学校自行制定的规章制度系统;法治的辅助系统——包括学校的学生处、保卫处以及校园文化心理、伦理道德等系统;法治的信息反馈系统和监督系统——前者包括国家和学校相关部门的内部反馈系统以及校刊、广播站等外部反馈系统,后者包括国家、政府的监督,校长、党委的领导监督,学生代表大会的监督以及学校社团、校内传媒等的社会监督,还有来自学生的直接监督,二者时常是你中有我、我中有你。

3. 实现高校学生管理模式法治化的有效途径

第一,加快高校学生管理工作法制化进程是实现学生管理模式法治化的前提和基础。推进管理法制化是纠正高校学生管理制度建设弊端、堵塞制度漏洞的有效手段。我国《高等教育法》第11条规定高等学校应当面向社会,依法自主办学,实行民主管理,它明确了学校自主管理权的行使必须遵循法制原则。学校教育是对"人"的教育,对人的教育必须建立在尊重人的基础之上,而对人的尊重首先是对人权利的尊重。长期以来,教育道德化是我们一贯的教育理念,在教育过程中,权利的设置和运用常常只受道德标准的衡量与限制,而缺乏法律的规范。但在依法治国的环境下,学校与学生之间的关系已经不再是一种简单的管理者与被管理者的关系,而是一种对应的权利义务关系。因此,我们应当将教育关系作为一种法律关系来看待,应当将尊重受教育者的合法权益作为教育者的基本义务,在行使教育管理权时,首先考虑的不应当是如何"处置"受教育者,而应当是这样处置是否合法、是否会侵犯教育者的权利,真正将受教育者作为一个平等的法律主体来对待。这才是我们需要的一种符合时代发展要求、体现现代法制意识的教育理念。

高校学生管理工作的法制化需要管理者法律意识的提高。高校管理者具有较强的法律意识是严格依法办事的重要前提,它可以促使管理者在依法行使自己管理职权的过程中,尊重和保护学生的法定权利,避免对学生侵权。高校应该通过进行法学理论方面的专门化培训、监督管理者自学等方式,培养管理者的法律意识,尤其是民主思想、平等观念、公正精神、法制理念等,从而自觉用法律法规来规范自己的言行,在管理工作中公正对待学生,尊重学生权利。同时,外聘一些专职司法工作者,组成学生法律援助组织和仲裁机构,并与司法部门建立联系,协同接受各类申诉,立案处理一些案件,形成法制化的育人环境。与此同时,还应加强高等教育法律理论的研究,加快高等教育立法以及及时清理不适应时代要求的高等教育管理类法律、法规的步伐,解决目前我国高等教育无法可依和法律、法规严重落后于时代发展要求的问题。可喜的是,有关部门已经注意到教育管理类法律、法规、规章滞后于时代要求的问题并正着手予以解决。如《中华人民共和国民办教育促进法》已出台,该法的出台,使我国民办高等教育长期以来无法可依的历史宣告结束。

第二,建立正当的管理程序是实现高校学生管理模式法治化的关键所在。在具体的管理行为中,实现法治化的重中之重在于程序,实现了程序的法制也就实现了管理行为的法治化。这就要求,在处分学生时要及时将处分意见送达本人,确保学生的知情权不受侵犯;建立听证制度,充分保证学生的知情权;建立申诉机制,使学生有一个为自己辩护的机会;建立司法救济机制,保障学生的合法权益。正当程序原则可以追溯到英国普通法传统中的"自然正义"原则,正当程序的基本要求是:任何人不能作为自己案件的裁判者,纠纷由独立第三人裁决;做出影响相关人权利义务的决定,特别是对当事人不利的决定时,必须听取利害当事人的意见,给予其陈述、申辩、对质的机会;纠纷的裁断过程中不可偏听偏信,不得单方接触;一切都必须予以公开,保证公正和透明度。我国法律中并没有关于"正当程序"的条文规定,正当程序只是作为行政法的原则和理念存在。《行政处罚法》规定的简易程序、一般程序和听证程序,不适用于高校学生管理和纪律处分。但是,从司法实践来看,田永诉北京科技大学案实际上已经确立了正当程序的原则。法院的判决书中指出："按退学处理，涉及被处理者的受教育权利，从充分保障当事人权益的原则出发，做出处理决定的单位应当将处理决定直接向被处理者本人宣布、送达，允许被处理者本人提出申辩意见。北京科技大学没有照此办理，忽视当事人的申辩权利，这样的行政处理不具有合法性。"法院在没有任何法律规定的情况下，根据正当程序的要求认定学校程序违法，从而创造性地运用了"正当程序原则"。此后，刘燕文诉北京大学案也应用了正当程序的理念。一审法院的判决认为，"校学位委员会在做出不批准授予刘燕文博士学位之前，未听取刘燕文的申辩意见""做出决定后，也未将决定向刘燕文实际送达"。即法院认为高校的处理决定存在程序上的瑕疵。也正是因为法院对高校学生管理行为的司法审查，使得高校不得不在学生管理过程中考虑程序的正当性，从而引起教育界和学术界对于高校学生管理过程中正当程序的关注。可以说，司法审查是高校在学生管理过程中适用正当程序的最大推动力。

从保障学生权利和维护学生尊严的角度来看，正当程序有利于保障学生的权利，特别是涉及学生的基本权利时更是如此。高校学生管理过程中的正当程序是对学生权利保障的基本要求，如果没有正当程序，受教育者在学校中的"机会均等"就难以实现，其"请求权""选择权""知情权"就难以得到保障和维护。另外，如果仅仅从工具性价值来理解正当程序，那就降低了正当程序的价值。程序不能只是达成实体正义的手段，程序具有自身独立的价值。正当程序的内在价值有两个方面：一是对人作为人应当具有的尊严的承认和尊重，即尊重个人尊严；二是正当程序包含了"最低限度公正"的基本理念，即某些程序的因素在一个法律过程中是基本的、不可缺少的，否则，人们会因此感到程序是不公正的、不可接受的。在很长的一段时期内，高校和学生的关系具有强烈的特别权力关系的色彩，学生只是消极的被管理者，高校与学生之间的地位是不平等的。在这种情况下，正当程序是没有必要存在的。随着我国实施依法治国方略，全面推进依法治教，高校学生管理必须法治化。民主法治的发展和人权保障的要求，将特别权力关系纳入司法审查的范围，既符合正当程序原则，也成为限制特别权力的基本原则之一。因此，在高校学生管理过程中引入正当程序，是对学生人格尊严的尊重。

第三，建立科学的学生管理评价体系和多元化的学生权益救济机制是实现高校学生管理法治化的重要保障。高校对学生的规范约束，主要依据是法律标准。特别是在学生处分问题上，道德品质评价不能作为处分学生的依据。在对学生进行处分时，要就事论事，事实清楚、程序正当、依据明确、定性准确。在此问题上，我们要改变既往惯常对问题学生进行处分的教育管理模式，发挥思想政治工作的优势，在处分前要注重对学生思想和行为规范不良倾向的引导和疏导，在处分中要加强对学生的思想教育，调动学生主体的自我教育功能，引导学生强化个人和社会责任感，处分后要做好后续的管理和服务，给予学生更多的人性化关怀。通过把思想教育"软件"与刚性管理"硬件"密切结合，营造良好的育人环境。另外，一直以来评价高校学生管理工作好坏的重要标准是管理效率的高低，对公平、正义的维护则显得不够。确立科学的学生管理评价体系就是不仅要实现"管住人"，还要"管好人"，以德服人，以理服人，维护学生的正当合法权益。

学校对学生的严重处分，不是对学生宪法上受教育权的剥夺，而仅仅是对该学生在一个特定教育机构接受教育过程的终止，不涉及学生宪法权利的保障，因此，在构建不服处分的救济制度上，不需要考虑宪法上的救济即宪法诉讼或其他违宪审查方式的问题，但是要考虑高校对学生的管理，在很大程度上具有行政管理的味道，法律、法规、规章对高校行政处分权的行使规定了严格的条件。行政处分的法定性特征具有对行政处分实施普通法律上救济的条件。就高等学校行政处分纠纷案件而言，行政诉讼和包括教育行政复议、学生申诉制度、教育仲裁制度、调解制度等在内的非诉讼机制都是学生可以利用的权益救济方式。建立多元化的学生权益救济机制，既是以法治校的重要体现，又是避免学校陷入司法审查的必要手段。

第二节 大学生档案管理模式

高校学生档案管理是人事档案管理工作的重要一环。随着我国大学扩招计划的展开，每年有成千上万的学生拥有了自己的人事档案，无形中给高校的档案管理工作带来沉重的负担。在这种情况下，我们必须加强档案管理模式的创新，进而提高档案管理水平。

高校学生档案记录了学生在校期间的课程学习、成绩考核、行为表现、奖惩和发展等各方面内容。这些资料与大学生的就业以及毕业后的职业发展和未来的发展道路密切相关，因此，需要加强对大学生档案管理的创新，使其更好地在大学生未来发展中发挥作用。

一、大学生档案管理的意义

大学生是社会发展的中流砥柱，做好大学生档案管理，对其未来的人生发展以及生活意义重大。档案资料是学生学习和成长过程的记录,是各单位招录人才的基础评价资料,特别是可以为学校培养特殊教育人才提供信息帮助,从而促进学校的各项事业发展。简而言之,未来高校学生档案管理水平的高低将会直接影响学校的长远规划和未来的发展。

平日里学生档案管理工作规范严谨,毕业后的调转档案才会更加方便容易。例如,学生毕业后把档案从学校调转回老家,但是由于某些原因需要把档案调转到工作地,最后档案接收单位发现档案里面缺少某些资料,需要回老家或者学校补齐,这在某种程度上反映了高校档案管理工作的失职。规范开展学生档案管理工作,无论是现在还是未来,都是对学生极为方便有利的。

二、高校学生档案管理的服务功能

凭证依据功能。在当今社会,有的人尝试用伪造的文凭、学历和伪造的档案材料来装饰自己,达到自己的某种目的。因此,在招录毕业生时,用人单位非常重视毕业生档案材料的真实性。通过学生档案信息,进而了解学生的基本信息和在校期间的表现情况,档案资料为企业提供了重要的参考依据。档案资料不仅是就业的重要参考,而且是社会评价和认可的重要参考依据。

参考评价功能。对于用人单位来说,为了做到招录贤才,尽可能全面、准确地了解将要录取聘用的人员,档案中学生的思想表现、业务水平、个人素质、奖惩情况、学业成绩等都是重要的参考依据,了解学生在大学期间的表现,有助于对学生进行较为全面和客观的评价。特别是对于那些在学校表现特别优秀的学生,可以用这些材料补充自己的求职资料,从而在激烈的就业竞争中更具优势和说服力。

促进发展功能。档案作为大学生成长和发展过程的真实记录,也是大学生成长和发展的重要依据。作为学生成长过程的信息资料,有利于学生形成自我评价和自我反思的发展模式。同时通过档案信息的记录,可以激励学生朝着正面、积极的方向发展,不断提高自己的价值,让自己的档案更加充实优秀。

权益保障功能。对于毕业生而言,无论是在落户、买房、工资调整、职称审查,还是工作调动、入党以及退休,档案都是最重要的一项信息资料,不可缺少。此外,参加公考、申请福利补贴以及进行继续学习教育时也需要使用人事档案。因此,档案对每个人都扮演着非常重要的角色,而且是不可缺少的角色。

三、大学生档案管理模式创新与实践

传统的大学生档案管理由于资金投入较少,硬件以及软件设施不完善,信息化水平较低,所以不能在网上进行操作和进行事务性解决与管理,使档案管理难度提升,影响了档案的服务水平。因此,无论是高校档案管理部门还是社会人力资源保障局,都必须积极创新大学生档案管理模式,提高档案管理水平,使其更好地服务学生、服务大家,更好地便利其工作和生活。

加强教育培训。首先,必须从档案管理人员开始,加强宣传和教育,提高他们的专业水平及责任心,毕竟档案是伴随人们一生的重要信息资料,在开展档案管理工作中,必须增强工作人员的责任意识,严格规范他们的工作标准,经常组织开展思想教育、技术培训和绩效考核,并完善文件管理模式,提高岗位准入标准,制定具体严格的考核制度,为大学生档案管理工作打下坚实的人才基础。其次,教育和培训不仅需要从档案管理员开始,还需要从大学生开始。比如,很多学生毕业后不知道自己的档案信息以及报到证的重要作用,造成报到证丢失无法报到,甚至是档案丢失或者闲置在人才市场等情况。还有一种情况是,不知道应该把档案调回原籍还是工作单位。高校没有进行必要的档案教育,致使很多学生毕业后把档案调回原籍,后又因为工作或者其他原因,把档案重新调回工作地,造成很多麻烦和问题。

加强制度的制定与执行。首先,成立独立的档案管理部门,由专人进行管理。比如,高校可以以不同的专业、不同的年级和班级为单位进行档案管理,分层分级进行管理,把责任具体落实到每个人,增强负责人的责任意识,保证工作快捷、便利。其次,建立明确的管理制度,规定各级学生档案的归档时间、归档程序、归档负责人及其职责。在学生进入大学时,要认真检查档案材料,若档案中缺少相关材料和信息,及时进行补充,维护学生档案的完整性,同时根据学生的学习和活动情况及时更新学生档案,保持档案的及时性。最后,制定存档标准。存档标准应该统一又不失灵活性。坚持依据工作标准和规则办事,可以减少和避免问题的发生,但是特殊情况需特殊处理。

充实完善大学生档案信息。大学生的档案材料信息必须健全、充实和完善,不仅要能反映他们的成绩,还要包括他们的思想状况等。

当前大学生档案中信息类型相对简单,不能反映和表现学生的德、智、体、美、劳的全面发展。大学生档案内容不能仅限于对学生学习成绩的反映,还应注意学生的能力、优势和潜能的体现,主要包括创新、志愿服务、合作等。同时,在大学档案管理过程中,还应注意学生的心理健康状况,每年定期对学生进行心理健康调查,以形成学生心理健康报告,并将其存档添加到档案中,形成心理档案。

推动档案的全面信息化管理。网络信息技术为文件管理提供了新的管理途径和思考方法，也提高了管理效率，而且线上操作方便快捷，省时省力。因此，高校和社会档案管理机构都必须加快档案管理的信息化进程，依靠网络信息技术，提高文件管理效率，以便使人们在第一时间获得最准确的文件信息和资料，并获得最快的文件管理服务。

同时，也可以利用多媒体技术、扫描技术处理档案信息对大学生档案中的照片、作品、文字信息等进行数字化处理，形成电子文件，建立大学生档案电子数据库，以便实现档案的信息化，提高工作效率。

第三节　新时代大学生健康管理模式

在新时代新征程中，大学生作为一个肩负新时代历史使命不可或缺的特殊群体，其健康问题不仅关系到民族大业的未来，大学生健康管理也成为备受高校关注的一个重要课题，探索一套提升大学生健康质量的服务体系，构建出有效的大学生健康管理模式具有重要意义。通过调查分析高校大学生群体中影响健康的危险因素及存在的主要问题，收集大学生健康状态信息，建立与新时代大学生健康特点相适应的"教育—干预—预防"大学生在线健康管理"云"模式，运用健康管理的原理和技术，设计构建增强大学生自主进行健康管理为主的意识的"云"健康档案，以及帮助大学生健康行为的形成的云端健康评估和干预模块，以期提高大学生的整体健康水平。

由于大学生生理、心理和社会适应等健康问题引发的负面性事件在大学生中时有发生，传统意义上的教育模式已经不能满足当前大学生健康的需求，大学生健康管理在提升大学生健康意识、健康状况和参与积极性等方面的研究与应用为社会各界广泛关注。新时代大学生健康管理模式通过大学生健康管理知识普及状况的调查以及历年来大学生体质数据分析，应在体现大学生群体特点的、合理有效的、可操作性强的同时，通过预防、监测、干预等手段达到预防疾病、控制危险因素的效果，减轻了社会、高校和学生家庭的医疗卫生负担，为培养健康合格的高素质人才奠定了基础。

一、高校大学生健康管理的研究背景

（一）高校大学生健康管理研究的特点

"大学生健康管理和健康管理一样，一般由个体或群体的健康信息管理、健康评

价和健康改善三个部分组成。"依靠这一措施，充分收集大学生的全面有效健康信息，并及时对大学生群体健康状况进行监测及更新，实时分析与评估后，充分发挥利用高校医疗保健资源，对健康危险因素及时实施干预并提供健康咨询、指导服务，尽量将大学生健康消费维持在一个较低的水平，达到提升大学生个体或群体健康状态的目的。"我国健康管理的理论与实践还处于起步阶段，具有中国特色的健康管理理论体系和实践服务模式还没真正建立起来。各高校在健康管理的学科建设当中，除了要注重人才培养这一方面之外，也应在师资队伍建设、科学研究和研究基地建设三个方面进行规划，以更好地促进健康管理人才成长，推动我国健康管理事业的发展。"

高校大学生这一特殊的群体，因其具有较高的文化基础，普遍具有较强的知识接收和更新能力，有利于健康教育知识更加快捷有效地交互传播；又因高校集体学习、集体生活为主的特点，便于对学生健康状态全面检测数据的收集和更新，能够及时有效地对他们的健康状况进行管理，一定程度上可避免或降低毕业后在工作岗位中的健康隐患和风险。"开展以学校为基础的健康管理，让大学终身受益"，这是从我国当前社会发展进入新时代的国情出发，积极探究新时代大学生健康管理模式，从而进一步提高在校学生健康水平以适应新时代的要求。

（二）当前大学生群体存在的普遍健康危险因素

当代大学生健康自主管理意识薄弱。大学生群体在进入高校生活之前，普遍与父母生活在一起，营养均衡和健康维持的重任一般不用自己操心，这一思想惯性进入高校独立生活后很难发生转变，自主获取健康保健知识的意识缺乏。大学生因为还"年轻"而对疾病预防、健康保健等意识淡薄。还有由于暴饮暴食。高脂高油以及不规律的饮食和长时间静坐的生活方式而导致的亚健康甚至慢性病年轻化的状况已不再是个别案例，让很多大学生年纪轻轻就带上"老病号"的标签。

网络信息技术的高度发达，也在客观上助长了大学生群体的惰性，改变了大学生的学习生活方式，很多大学生成了"低头族"和"键盘手"，课余时间也习惯在"宅寝室"度过，连吃饭购物也是"外卖跑腿网购"，饮食不规律不均衡、网瘾熬夜、缺乏体育锻炼等问题比比皆是，这样的"龟息"式生活直接导致身体素质直线下降。

当代大学生的自我减压能力和社会心理适应能力缺乏。"面对比家庭生活更为纷繁复杂的大学生活时，学生身心健康受家庭经济状况影响存在显著差异，特困家庭学生的身心健康指数明显低于非特困家庭学生；学生身心健康的专业背景存在显著差异，理科学生的身心健康指数要低于文科学生；学生身心健康的城乡背景存在显著差异,农村学生的身心健康指数低于城市学生"。面对升学、就业、人际沟通等压力,大学生往往都无法及时疏解,难以从挫折中走出来,压抑困顿情绪的局面使心理健康问题的发生率逐年上升,甚至个别还出现"小事酿成大祸"的极端行为。

一些高校对学生卫生保健知识的普及工作不全面,甚至缺乏专业的健康基础课程以及专业的健康管理人员,无法满足学生的健康咨询需求,即使身体薄弱的学生想对自己的健康进行科学管理,也难以找到专业的老师进行指导。近年来,由于各大高校对学生健康管理工作的重视程度不足,缺乏对学生自我健康管理意识的培养,导致学生医疗费用的花费在只增不减的情况下,体能测试结果却呈下滑趋势,甚至在测试过程中出现晕倒、呕吐等不适状况。

二、高校大学生健康管理问题研究的现状

（一）当前国内大学生健康管理的现状

目前,国内高校普遍开展的大学生健康管理模式主要有二:一是通过开设大学生健康教育课程群体性进行卫生保健及疾病预防知识普及教育,健康与教育具有明显的互补和共生特征。"一方面,健康与教育一样,健康管理能够改善目前和未来的人力资源质量。大学生健康状况的改善有利于改善其体力、精力和能力,使其集中精力做好工作。另一方面,健康还可能间接地促进生产技能和受教育水平的提高。"二是通过设立学生心理咨询中心、学校医院等机构个体性提供预防保健体检咨询等健康管理服务机构。现有的健康管理途径使我国高校学生的健康意识普遍已经有了很大提高,但随着社会经济的高速发展,大学生学习、生活方式的改变,环境及工业生产因素的影响,危及大学生健康的因素也日益增多。"随着信息产业的快速发展,网络几乎成了大学生业余生活的重要内容,长时间上网（尤其是智能手机的推陈出新）导致运动时间不足（'过逸'）给大学生的身心造成很大的影响。"除生活习惯问题外,新时代下大学生的健康管理需求不再满足于对日常生理和心理健康知识的了解,而是更加关注社会适应和群体性健康危险因素的预防和干预,从健康到出现临床症状之间是需要一个过程的。在这个过程中引入健康管理观念对健康进行干预,可以极大地减少卫生医疗费用的支出,降低慢性病的发病概率,恢复群体健康状态。但目前的健康教育和健康咨询已经不能满足高校大学生健康管理的需求,亟待构建适应新时代大学生健康发展需求的高效率健康管理模式。

（二）课题组开展高校大学生健康管理模式探究的思路

针对当前大学生健康管理现状,本着"影响大学生健康的主要因素归为社会、学

校、家庭三大方面。其中，社会是指政府或相关管理机构，通过制定政策法规而直接影响大学生的健康保障制度"。"高校健康管理体系不是简单的管理与被管理的体系，是将与大学生健康有关的诸多部门——体育部、校医院和心理健康中心等整合起来，充分利用信息化技术和手段资源共享，分工明确、协同工作的合理、有序、高效的健康管理体系，学校起着承担健康管理的重要职能。"对单个大学生来说，实施群体健康管理可以帮助个体更好地了解其身体状况，更好地做到从个体到群体的三级预防。首先，让学生的健康信息"全面化"，对学生的健康管理"多维化"，在当今"大数据、大健康"的时代主题下，对于庞大的大学生群体，我们可以用高效和快捷的健康信息网络技术进行管理。其次，可以考虑构建一个学生、老师和家长之间的三级健康监督管理网络。在学校，老师充当学生的另一个家长，让老师和家长对学生进行更及时的督促和管理，在管理学生健康的同时也促进学校和家长之间的沟通，减少家校矛盾。老师还可以利用讲座、课堂等方式给学生营造一个健康知识的氛围，增强他们的健康意识，树立健康观念。最后，实施个性化的运动健康干预。根据不同的健康状况制订个体运动方案，并根据运动情况进行分阶段管理，让他们能够及时了解自己的身体状况，并根据具体情况实施奖励机制。

三、构建高校健康管理"云"模式（以下简称健康"云"）

健康"云"的创建理念是利用信息数据处理技术为用户提供健康管理服务，以及向管理者反馈在校学生大健康数据分析提供健康干预方案的平台，个体一般信息可通过智能化的健康监测设备自动采集并加以记录。随后，"采集的数据经数据收发云端上传至数据管理分析平台，进行健康信息的初步风险评估，对不同风险用户进行分级管理""平台的搭建遵循5个原则：(1)全面性原则，(2)可行性原则，(3)标准化原则，(4)扩展性原则，(5)保密性原则。"故分为用户版和管理版两个版本，用户版为高校在校学生个人使用设计，使用学生医保账户即可在健康"云"平台注册个人账户，获得健康"云"的相关健康管理服务；"健康管理是在个人健康档案基础上进行个性化健康事务性管理服务，包含了体检、评估、治疗康复、教育、保险等内容"。管理版为高校学生健康管理组织机构设计，健康管理组织机构可由校医院、高校健康体检中心、高校心理健康管理咨询中心等了解和熟悉大学生健康管理的多部门联合运营管理，并设置专职执行健康管理工作团队，负责健康"云"的具体操作管理工作。

（一）建立收集与更新学生有效健康信息的云端档案（以下简称"云"档案）

个人基本健康信息档案。

（1）学生个人在"云"档案注册个人账户时须录入个人健康状况基础性信息：生物遗传因素，如性别、民族、家族遗传史、病史；行为习惯因素，如饮食习惯、作息习惯、运动习惯、消费习惯；环境因素，如入学前生长地有无地方病流行、生长地医疗卫生条件；卫生医疗服务利用情况等影响基本健康的信息，如发生在高校医疗服务范围外的就医等特殊情况，须及时向"云"档案上传更新。

（2）"云"档案与高校健康体检中心联网，定期收集在校学生健康体检信息，包括一般性医学常规检查生物指标、医学影像等手段进行的特殊疾病筛查、心肺功能性指标、体能测量结果、中医亚健康诊断、生长发育达标等情况。

（3）高校心理健康咨询中心定期设计心理调查问卷，通过"云"档案管理版发放到在校学生的个人账户中，学生完成后，心理健康咨询中心将数据分析处理后的心理健康评价保存在学生个人"云"档案中。

（4）校医院使用"云"档案管理版定期更新大学生在校期间的就医记录，包括门诊接诊、住院会诊、转诊的病情记录和治疗方案等综合信息。

家—校环境健康信息档案。

（1）辅导员或班主任定期使用管理版向"云"档案填写学生学习情况和综合表现情况并反馈到学生个人账户中作为学生健康管理的依据。

（2）由家庭成员定期向"云"档案反映家庭情况，包括家庭成员情况，家庭重大或突发事件情况，家庭教育方式以及家庭总体生活和行为习惯、饮食习惯、日常保健习惯等综合家庭信息并反馈到学生个人账户中。

频密接触人群观察健康信息。档案由学生通过"云"档案账户向与自己密切联系的人群定期发出健康调查邮件，邀请上述人群根据他们平时对该学生生活状况、健康状况、道德人际交往情况的观察和了解，完成相关问题并回复到"云"档案学生个人账户进行反馈。

（二）建立及时健康状况云端评估体系（以下简称"云"评估）

健康管理主体机构根据"云"档案中的个人账户和管理账户提供的生理心理、社会环境、行为习惯等各项健康信息进行前瞻性综合评价，对每位使用健康"云"的用户提供个性化的包括身心健康评估、环境健康评估、健康危险因素及等级评估等多方面的定性定量健康管理评估，评估结果将同时收录到个人健康"云"档案和管理版

"云"档案,作为健康管理的依据和参考。

（三）建立健康管理方案及干预体系（以下简称"云"干预）

（1）通过健康"云"定期对用户采取多种健康教育干预措施,如定期向用户账户发送养生、运动、心理保健等系列的电子健康教育期刊,开设网络健康养生主题讲座、微课、论坛,特定时段提供网上心理健康咨询窗口服务等。

（2）以"云"评价结果为依据,对于个别健康危险信号较强的学生,个性化开具健康运动处方,包括对运动类型、时间、强度、频率等环节的综合性措施,并实施运动打卡等机制进行监督。

（3）根据"云"档案及"云"评价,针对学生群体健康情况,设计饮食保健疗法,对学校食堂包括进餐时间、种类、数量在内的各种数据提供科学膳食比配,学校学生健康管理组织机构执行团队进行线下的跟踪、抽查、随访及监督,及时进行干预控制。

（4）健康"云"在线开设健康第二课堂对行为习惯、生活方式的干预,为学生制定出合理的生活作息时间,并开展多样化的线上线下校园活动及社会实践,营造健康的校园生活环境。

第四节　大学生体质健康管理模式

大学生是社会未来的发展主力,而身体素质是大学生从事各项工作的基本要求,只有维持好大学生的体质健康,才能让他们以更加积极和健康的状态投入社会建设中。因此,为了确保大学生的体质健康,需要根据大学生的实际健康情况,构建科学合理的体质健康管理模式。体质健康的意义十分广泛,不仅仅是生理上的健康,还包括精神上的健康,是生理、心理以及道德三个方面的总和。而不同的人有不同的体质,影响体质的因素既有先天性的也有后天性的,既具有一定的稳定性,也具有一定的可塑性,所以,可以针对大学生的个人健康状况,制定个性化的健康促进方法,以便于提高大学生的整体体质健康水平,为社会未来的发展建设提供高质量的人才队伍。

一、可实行的大学生体质健康管理体系

大学生体质健康管理模式的建立不是一项简单的工作,其中涉及的种类和工序较为繁复,构建的内容和项目都较多,同时还要保证体质健康管理体系的科学性和

有效性。因此,在构建大学生体质健康管理体系时,可以先考虑一下已有的健康管理体系,汲取相关的经验,以促进实际健康管理体系的构建。

(一)ISO 9000质量管理体系

该项质量管理体系是国际标准化组织制定的,融合了现有的管理思想和方法,主要是为了服务和产品能够走向全球化的市场。这项体系的构建,最初是为了根据生产制造业的发展,之后逐渐得到发展,应用的范围也逐渐扩大,在其他行业也得到了一定的运用,逐渐成为一种通用的质量管理体系,能够帮助组织进行质量管理,而不会受到其他外在因素的干扰,且取得良好的效果。在教育行业上,我国教育体系都是按照《学校国际通用管理标准》的相关规定开展工作的。这项体系总共需要遵循八个基本原则,分别为:顾客为中心、全员参与、领导作用、过程方法、持续改进、管理的系统方法、立足于事实的决策方法和互利的供方关系。这些原则是该项体系最为基本的管理思想的体现,也是各个组织所需要遵循的基本性原则。另外,在实施该项质量管理体系时,还需要对实施过程中的每一个环节进行记录,若是中间出现什么问题,应该及时进行纠正和纠错,并对每一个环节进行检测追踪,对结果进行验收。因为该项质量管理体系考虑到了人在质量控制中难免会出现误差,所以,能够最大限度地将失误出现的频率降低。并且,该项体系还拥有相应的具有自主性和科学性的预防措施,能够极大地提高质量管理水平。

(二)PDCA戴明循环管理模式分析

PDCA戴明循环管理模式是管理工作中较为常用的一种管理模式,是质量管理工作需要遵循的一种程序,具有一定的科学性和典型性。在组织实施全面质量管理工作时,应该针对质量管理的计划内容进行贯彻执行,在这一执行过程中,就需要按照该项管理模式进行贯彻执行,从而形成一种循环性、连续性的闭环运转。其中,这个体系的PDCA四个字母各有含义,分别是计划、执行、检查和处理。计划是指规划好质量管理的目标、方针和活动档案。执行是将计划的内容全部落实到具体的工作和事项中。检查是根据执行计划以后的结果进行检验,发现执行中存在的问题。处理则是根据检查的结果制定科学合理的处理方式,并对整个项目进行反思,总结经验,防止下次再次出现相同的问题。若是在这个过程中还存在无法处理的问题,可以转换到下一个循环中进行解决。

(三)闭环管理体系

闭环管理是一个综合式的管理体系,具有封闭性,是各种质量管理方法以闭环的形式构建成了一个管理体系，不同的系统在活动中需要形成一个连续性的规律，并保证不同的系统在运行中能够拥有一个平衡点，以此实现质量管理的快速和平稳运行。这个管理体系之间有关于问题的反馈和问题的解决等过程，在把握和控制管理体系中促进质量管理水平的提高。

二、相关管理体系对大学生体质健康管理模式构建的启发

（一）ISO 9000质量管理体系所带来的启发

该项体系强调产品和服务的质量应该符合顾客的实际需求或者潜在需求。大学生体质健康管理模式所要面对的对象是大学生，如果想提高质量管理水平，就需要以学生的需求为主体，挖掘学生需要满足的需求。如今，针对大学生的体质健康管理主要依靠大学生体质健康服务平台，该平台主要负责掌管大学生体质测试，也可以向学生提供各种专业性的体质健康咨询服务，是大学生获得健康管理相关信息的一个重要渠道，学生能够通过这个平台直接了解自身的体质健康信息，及时掌握自己的体质健康状况。

（二）PDCA戴明管理理论所带来的启发

每个环节之间存在一个递进的关系，更加有利于人们根据每一项结构进行质量管理体系的构建。为此，需要先制订详细而周密的计划，再按照之前的计划去贯彻落实到每一个具体的工作项目中，接着对贯彻执行的过程进行检查，最后根据检查的结果处理相关信息。几个环节之间是层层递进的，也是一个可循环使用的理论，当最后一步工作结束以后，可以对这次工作中的错误进行反思总结，再次制订相应的计划，按照该理论一步一步执行下去，以此形成科学合理的质量管理体系。这样多进行几次总结反思之后，原有的错误会一步一步地解决，从而逐渐提高质量管理的水平。

（三）闭环管理理论带来的启发

一个闭环可以通过测试、评价、诊断、反馈以及提高五个部分连接，这五个部分构成了大学生体质健康测试的闭环。每个环节都有其存在的道理，每一个环节都是不能忽视和避免的，以此构成一个连续不断的循环，每个环节之间既相互独立又相互制约，以此促进整个流程的协调统一性发展。

三、大学生体质健康管理模式的具体构建策略

大学生体质健康管理模式的目标是为了促进大学生整体体质健康水平的提高。

每个人的体质有所不同，体质是有天生的因素，但也并不是无可改进的，体质的好坏还可以在后天进行塑造和培养，而这也正是大学生体质健康管理模式构建的意义所在。体质健康管理体系是指通过一定的措施，对大学生进行鼓励和倡导，引导他们树立体质健康管理的意识，帮助他们改善相应的行为方式进行的环境，以此解决大学生实际生活中面临的体质健康问题，达到体质健康管理的目的。具体的可行性策略有以下几点。

（一）优化大学生体质健康管理体系

任何政策和措施的执行都离不开良好的管理体系的约束，管理体系就是约束实行某种行为的框架。为此，高校需要根据相关政策的要求，了解学校的实际发展情况，制定出符合学校实际情况的学生体质健康管理制度，并根据所查询的相关信息制定成相应的文件，以文字和文件的形式保证大学生体质健康管理体系的科学性和有效性。该项体系应该设计相应健康管理部门，明确各个部门之间的职责和权利，让每个部门能够清楚自己在该项工作中扮演的角色。同时，体系内还应该详细描述每一项管理措施的具体执行方法，这样每个人都明白自己该做什么，不该做什么，一定程度上能够提高体质健康管理的效率。体系上的完善能够促进支持性环境的提高，支持性环境是指学校为学生提供的成长环境，是确保学生身心健康的重要基础。一般而言，支持性环境可以分为两种，一种是软环境，另一种是硬环境。软环境是指高校在发展过程中所形成的文化氛围，硬环境是学校的教学设备和教学条件。一个完善的体质健康管理体系不仅需要良好的硬环境，也需要良好的软环境，只有为学生构建好了支持性环境，学生才能无忧无虑地成长和学习，才能拥有身心发展的健康，从而实现体质健康管理。

（二）构建科学合理的健康检测方案

健康检测是对学生体质健康的一次测试，检测方案对组织的构成、检测的流程以及职责和管理方法都要进行详细的描述，以此保证大学生健康检测的顺利实施，并且，所有的体质健康的检测设备都应该按照相应的标准和规划去准备和校对工作。在检测工作正式开始前，需要对所有的测试人员进行相关培训，而在实际的检测工作中，也必须严格按照计划条例进行，并对每个测试环节进行监督和管理。在身体健康测试过程中，主要进行身体形态、身体功能以及身体素质三方面的测试。身体形态需要对身高、体重和肢体围度进行测试；身体功能则是对血压、心率、视力和肺活量等进行测试；身体素质是对力量、协调性和耐力等进行测试。所有的测试都是在相应的体育设备上进行的。在心理健康测试过程中,主要是对智力、人格以及诊断性进行检测,是为了检查学生的智力发育情况,并对学生的性格和气质进行相关检测,以此了解学生的心理健康状态。

（三）建立高校健康数据管理系统

大学生的体质健康信息是分析学生体质健康状况的重要因素,各个高校应该构建一个专业性的健康测试中心,以便于能够对学生的各项健康数据进行相应管理。其中的具体工作包括：健康指标测试数据、数据分析、健康评价以及改进措施等。同时,各大高校还可以结合时代的特点,利用互联网技术,建立一个网络健康服务平台,在互联网上为每一个学生制订一个科学合理的健康档案,以此实现个性化的体质健康管理体系。

（四）构建科学合理的体质健康管理反馈和评价体系

任何事物的发展都需要获得相应的反馈才能窥探出有何缺陷,否则事物的发展会陷入盲目的状态中。故高校应该根据学生的健康反馈信息,对现有的学生健康活动进行相应的调整,以此帮助学生提高体质健康水平。比如,学校通过分析大一年级所有学生的体制健康信息,就可以了解他们的实际健康状态,再分析他们各自需要强化的方面,就可以实现对体质健康信息的反馈。对学生的体质健康进行科学的评价,则能够让高校领导对大学生的体质健康状态有一个更为清晰直观的认识。为此,可以对学生的健康状况进行等级划分,依次划分为健康状态、亚健康状态、疾病状态以及高危状态,并根据这四个等级对大学生的体质健康进行对号入座,这样有利于对大学生的体质健康状态有一个全面性和系统性的认识。同时,还可以根据学生之间存在的重点性体质健康问题采取有针对性的解决措施,以此促进学生体质健康水平的提高。

大学生的未来关乎国家的未来,可是近些年来,有些大学生的身体素质越来越差,很多大学生甚至无法通过学校的体测活动,对很多体育活动的兴致也不高,提高大学生的体质健康水平已经成为刻不容缓的问题。针对大学生体质健康问题,可以实行全方位的监测和管理,探寻专业化的体质健康管理体系。为此,需要各大高校构建科学合理的大学生体质健康管理模式,根据现有的健康管理模式,借鉴其中优秀的管理经验,再根据学校的实际情况,不断完善相应的管理模式和档案,以此构建一个适合大学生体质健康提升的管理体系,促进大学生身心健康的全面发展。

第五节　网络新媒体环境下大学生管理模式

高校辅导员作为高校中与学生走得最近的教育管理者,其对大学生的管理一般来说应该包括学生日常行为管理、思想政治教育、心理监督与辅导、学业规划、职业规划、就业与创业教育、入团入党方面的管理等几乎涉及高校学生学习生活的各个方面。高校大学生的日常管理是一项十分具体、繁杂又细致的长期工作。现在,00后已经是高校大学生的主体,且大多数00后由于受其成长环境影响,具有思想前卫、个性鲜明、独立自信、好奇心强、勇于表现、容易接受新鲜事物、抗挫折能力弱、辨识能力不足等特点。

随着生活水平的提高,生活中网络的应用无处不在,移动互联网技术在这几年中发展更是突飞猛进,一些网络新媒体如QQ、微信、微博等更是已经渗入现代人日常生活的方方面面,这些网络新媒体也早已成为现代人生活办公不可或缺的工具,同时也在容易接受新鲜事物的00后大学生中广泛使用,况且网络新媒体已经成了00后大学生获取和交流信息的重要渠道。因此网络新媒体的迅速发展给高校学生管理工作带来了机遇与挑战,现如今,大学生是网络新媒体技术使用最为广泛、最为活跃的群体。高校学生管理工作者如何利用新媒体来加强对在校大学生的日常行为管理、思想政治教育、心理监督与辅导、学业规划、职业规划、就业与创业教育、入团入党方面的管理,这无疑会成为当前各高校学生管理工作部门所面临的重大问题。

一、网络新媒体的界定

新媒体是相对于传统媒体而言的,是报刊、广播、电视等传统媒体以后发展起来的新的媒体形态,而网络新媒体作为新媒体的一种,是利用数字技术、网络技术、移动技术,通过互联网、无线通信网、有线网络等渠道,依赖IT设备开发商提供的技术以及电脑、手机、数字电视机等终端来传输、存储和处理音视频信号,向用户提供信息和娱乐的传播形态和媒体形态。网络新媒体一出现,就凭借其数字化、多媒体、实时性和交互性等优势,极大地影响着人们的工作、学习与生活,尤其是对当代大学生影响更大。现在,网络新媒体已经成了00后当代大学生获取和交流信息的重要渠道,渗入了他们生活和学习的各个方面。00后当代大学生具有强烈的好奇心、乐于追求高新技术。因此,他们会以极大的热情接受这个现如今更新速度最快的新技术,并且享受网络新媒体所带来的无穷乐趣。网络新媒体不仅成了当代大学生获取知识和就业信息的重要渠道,而且以密集灌输和潜移默化的方式对他们的世界观、人生观和价值观造成着深刻且多样化的影响。在以往的思想教育和理论知识教育中引入网络新媒体的理念,可使原本呆板无趣的知识变得生动形象,不仅能让学生更方便理解一些抽象的理论或者知识点,还能增强学生学习的积极性和主动性,使学习不再局限于教室或者书桌旁,对当代大学生的思想教育和理论知识教育具有积极的意义。

要谈及当代大学生的教育管理,首先要了解现在00后已经是高校大学生的主体。对于00后大学生来说,网络新媒体这些年快速发展,使得网络新媒体已成为他们生活的一部分。获取信息、认知世界、参与生活……作为网络建设的重要参与者与重要推动力量,高校学生正越来越多地享受着互联网带来的舒适和便利。当网络成为大学生学习生活的一部分,教育管理者如果不与时俱进,很容易被时代淘汰。

首先,传统的教育管理方式重视教师与学生面对面说教或者演示的教育管理方式,虽然可以达到教育的效果,但在面对一些立体抽象问题时就比较难解释,且传统的教学管理模式只适用在学生人数偏少的环境下,现如今,由于高校学生人数不断增加,以前的小班教学几乎不存在,面对一个几十人甚至上百人的班级,想像以前小班教学那样人人都顾及就比较困难;其次,传统教育模式由于语言或者板书可表现出来的知识面过窄,且板书保留时间短、内容较单调、不能回看、学生记忆不深刻,从而使得学生某些知识点掌握不扎实,也容易出现教学上"短期效应"现象。所以,这就要求我们必须转变传统教育管理观念,树立全新的教育管理理念。

二、网络新媒体环境下的大学生管理模式

通过上文对网络新媒体的特点以及传统教育管理方式所存在问题的分析可知:想适应现在社会的发展,高校传统的教育管理方式需要做出调整和改变。随着新媒体时代的到来,以高校辅导员为代表的高校学生教育管理者需要探索以网络新媒体作为载体的全新的教育管理方式,来引导和服务大学生的成长和成才。

利用网络新媒体做好高校学生日常行为管理。当前高校学生的日常行为举止已经引起了越来越多人的关注,高校学生的行为举止能从一方面反映出该校的教育体制是否完善,00后大学生因为生活环境的影响往往具有自己独特的价值观和理念。从某些角度来讲,当前高校的管理措施趋向于严格化,学校与学生之间就有了一些矛盾,想缓解这些矛盾,教育管理者若是单纯地强行改变学生的思想和行为方式可能会适得其反,若能抓住学生的特点,利用当代大学生对新事物的好奇心,同时将网络新媒体所带有的娱乐性和幽默性融入其中,主动去迎合作为年轻人的大学生的心理,这样不仅会使学生更容易接受,还会增加教育管理过程中的乐趣。

便捷、快速与准确的网络新媒体带给当代大学生新的生活方式和思想交流活动。

现在的大学生几乎人手一台智能手机,智能手机上的各种功能,如地图、天气预报、生活服务网、淘宝购物支付、乘车和旅游等功能可以很好地促进生活消费,为学生生活提供各方面的服务。学生可以通过校园媒体介绍的日常生活饮食与保健等常识,养成良好的饮食起居习惯;学生可以通过网络新媒体所宣传的针对吸烟、酗酒、网瘾的危害,改变或戒掉吸烟、酗酒、沉溺于网络电子游戏等不良的生活习惯。善于利用网络新媒体与学生进行交流或者信息推送,可以很方便且高效地做好高校学生日常行为管理,且不会让学生觉得学校管理死板、僵硬、没有新鲜感。

利用网络新媒体充实学生党员教育的内容。近些年,伴随着高校招生规模的扩大,大学生队伍在不断壮大,发展大学生党员成为各高校党建工作繁重而迫切的任务。大学生党员作为我们党队伍的有机组成部分有着思想活跃、创新意识强、集体荣誉感强、善于接受新事物等特点。大学生党员作为学生群体中的先进群体,在广大学生中起到了的模范作用。正确引导好这支队伍对我们党和社会的稳定及发展,起到至关重要的作用。在新媒体条件下,学生党员信息获取具有很强的自主性。目前,面对新形势、新任务、新要求,基层学生党员教育工作还存在着一些不适应,观念滞后,跟不上时代发展节奏的问题。在学生党员教育的问题上缺乏深入思考,虚与实、知与行的关系失重,学生党员整体满意度不高,这就会使学生党员对党的理论知识学习不深刻,若延续老方法而不探索新方法、新途径、新平台,久而久之会影响整个党员队伍的质量。

网络新媒体平台具备使学生党员教育多样化的诸多优势,充分开发其潜能,将使教育形式日益丰富。比如,组织政治理论学习可开设网络课堂,授课人与听课人可以微博互动。像这样在学生党员教育的过程中党组织充分利用新媒体,将会使学生党员学习更多地成为一种自觉行为。再如,针对大四学生党员外出实习工作难以管理的问题,可专门设立"网络临时党支部"、学生党员 QQ 群或者微信群,及时向学生党员传递各种党员教育工作信息,完成支部教育和管理工作任务。党总支(支部)书记及支部委员可建立自己的工作邮箱,建立联系人 QQ 号或者电子邮箱地址库,以 QQ 消息或者 E-mail 的形式传送学习资料和文件,把对党员的教育管理寓于服务之中。

也有人提出:怎么才能使学生党员主动接收这些信息呢?笔者认为,作为教育管理者如果认真建设网络新媒体平台,增强教育内容的服务性,促使广大学生党员在互联网、手机等新媒体上获取的信息与其学习、生活紧密相关,有利于他们思想觉悟的提升和生存状态的改善,广大学生党员必然会主动关注新媒体信息。当然,现在网络上有很多不和谐的声音,这就需要党组织发挥新媒体技术的独特教化功能,充实学生党员教育的内容，加强正面主流信息的更新和引导，避免出现政治信仰迷茫、入党动机模糊、组织观念淡薄、学生党员责任意识淡薄等问题。

利用网络新媒体做好高校学生就业与创业教育。众所周知，我国劳动力数量供大于求的矛盾十分突出，近些年几乎每年都是"最难就业年"。社会每年提供的就业岗位，尤其是被大多数大学生青睐的国家行政、企事业单位提供的就业岗位数量，远远满足不了大学毕业生的需求。高等院校作为"毕业生"的生产者，其教育模式缺乏自主性，教育普及化虽然提升了人们的文化素养，但传统的教育模式对大学生的就业和创业教育涉及得很少，且没有与就业市场"零距离"接触，很难满足现在思想意识活跃且前卫的大学生群体的需求。这就使大学生在高校中对待就业和创业一无所知，要毕业了又因为各种原因找不到工作。如何解决毕业生就业难这一问题，是各高校教育管理者必须研究和解决的重要课题，也是高校辅导员工作的重点。

网络新媒体的出现对缓解毕业生就业难提供了很大的帮助。随着网络新媒体技术的不断发展，人们逐渐步入了"互联网+"的新时代。"互联网+"实现了工业化与信息化的深度融合，对推动大学生就业创业具有十分显著的优势。高校辅导员工作的一个重要组成部分是为大学毕业生就业创业提供良好的环境以及做好就业创业教育引导工作。国务院印发的《关于积极推进"互联网+"行动的指导意见》给大学毕业生就业创业带来了机遇与新的挑战。

网络新媒体技术的不断发展和应用，使得大学生获得信息的方式更加快捷和方便，信息的叙述方式也从传统媒体的单面性向多角度、多侧面转变。图片、文字、视频等新媒体的综合表现形式改变了传统媒体较为单一的形式，这样更能调动起青年学生获取信息的兴趣。在新媒体环境条件下，大学生开始关注到网络也可以解决就业中的一些问题。比如，毕业生还可以通过网络招聘信息了解就业机会，及时选择适合自己专业或有兴趣的工作岗位，投递个人简历，网络视频面试，等等，对于有创业意愿的同学还可以在网上自主创业。创业教育作为一种新的教育理念和人才培养模式，使大学毕业生不仅是求职者，而且是岗位的创造者。坐在公交车上，移动电视上呈现的一些招聘信息，也为就业者提供了很多便利。就业形式和渠道因网络新媒体的出现而变得更加灵活、多元。

在"互联网+"的概念被提出之后，各高校教育管理者尤其是高校辅导员必须加强对学生"互联网+"背景下就业和创业工作的引导，并且坚持创业带动就业的思路，鼓励大学生创业，及时告知有创业意向的同学有哪些扶持政策，响应国家号召，推进"大众创业、万众创新"。

最后需要提及：网络多媒体会对高校教育体制改革和人才培养以及大学生的学习、工作和生活产生深远的影响，但我们仍需注意到网络新媒体在为大学生带来方便快捷的同时，也会对大学生的健康成长带来一些负面影响。一方面，新媒体传播的信息十分繁杂，各种信息良莠不齐；另一方面，大学生世界观、人生观和价值观尚未成熟，选择信息的能力、是非辨别的能力、自我调控的能力有待进一步提升。一些00后大学生由于自我认知偏差、认同感缺失、人际交往障碍、人格特征偏差、缺乏自我控制、缺乏目标规划、缺乏宣泄渠道等造成他们对网络过分地依赖，如果接收大量不良信息，必然影响到他们的价值取向、政治态度、心理发展、道德观念和行为模式。这些问题对高校教育管理工作提出了新的挑战和要求，要想尽可能地避免这些问题的出现，高校的教育管理者就必须加强大学生对网络新媒体的教育，提高大学生对健康有用信息的分析、判断能力与运用能力，还需要加强对大学生使用网络新媒体的教育引导，构建完善健康的校园传媒体系，最后需从管理者入手，搭建高校信息管理平台，精心打造校园网络新媒体管理队伍，保证校园网络新媒体健康稳定发展。

第六节　素质教育视野下大学生管理模式

目前，以"素质教育"为核心的高校教育改革活动和学术研究活动，主要集中在如何通过改革教学目标、教学理念、教学内容、教学方法、教学模式等因素，来实现素质教育的目标，这在教学管理方面却鲜有论述。因此，本节将从教育管理或者高校行政管理的角度，另辟蹊径，来分析其对大学生素质教育基本内容的理解、实施以及取得的效果，从而为当前高校大学生素质教育管理提供一定的借鉴。

一、我国大学生素质教育管理存在的问题

（一）高校素质教育管理缺乏协同性、一体性

首先，高校素质教育管理缺乏协同性。目前，各所高校的素质教育管理权力主要集中在党、团、学工三个部门，由其规划校内素质教育的方法、内容和措施。包括招生、就业、教务、院系在内的诸多与学生密切接触的部门却并未与党、团、学工就学生素质教育管理形成有效的沟通和协调。其次，高校素质教育管理缺乏一体性。各个部门之间缺乏应有的沟通和了解，不仅相互认同的思想比较薄弱，甚至存在轻视、否认、玷污对方思想和行为的想法，参与相关素质教育互动的积极性低，由此大大削弱

了校内各个部门组织的素质教育活动的价值和意义。

（二）高校素质教育管理活动缺乏对学生特征的关注

当前大学生大都出生于二十一世纪以后，被冠名为"00后的一代"。他们一方面对新事物接受能力强、兴趣感浓厚，却缺乏足够的耐心，浅尝辄止，很少能够持之以恒地研究或者学习某件事情；另一方面表现出明显的理想主义色彩，对生活、工作、学习和爱情抱有极高的憧憬，觉得只需要付出很少的努力便能够实现自己的理想。然而，一旦面临失败或者是挫折，便产生强烈的挫败感，或者是放弃自己的想法，或者是陷入极大的消沉、抑郁之中。目前高校管理者在制定规则的时候，主要是参考国家的标准以及其他院校的措施，缺乏对本校学生知识需求、心理特征、个性特点的了解和认识，由此导致学校提供的素质教育类的选修课非常多或者是校园文体活动非常丰富，却无法引起学生的兴趣，达不到预期的人才培养效果。

（三）高校素质教育缺乏有效的考核机制

其中一方面缺乏对院系、党、团、学工部门素质教育效果的考核，另一方面缺乏对学生素质水平、知识需求特征、个性特点方面的考核等，从而使学校领导开展素质教育活动大都是各自为政状态下的一种主观判断和主观臆测，由此造成所开课程和活动与学生的实际需求不符，无法激发其足够的兴趣，或者是素质教育课程和素质教育活动的内容与方法长期不变，无法实现与时俱进，造成教育内容、文体活动的陈旧等。

（四）高校管理机制对第二课堂素质教育活动的管理严重不足

近年来，随着人们思想观念的日益解放，高校学生的个性化特征变得越来越明显，其自发组织的第二课堂素质教育活动的数量也呈现出突飞猛进的发展态势。然而，除了部分党委、团委、学工组织受到学校或者院系的直接指导之外，大部分文体活动组织都是处于自我管理的状态。他们缺乏专业老师的指导，也缺乏一定的经验，无法提高活动质量，同时还缺乏一定的约束，自由度高、随意性强，再加上缺乏经费等问题，大大限制了组织的成长，很难实现延续性的发展。

二、大学生素质教育管理创新方式

（一）建立一个素质教育监督与评估机构

高校大学生素质教育管理机构为了提高组织相关工作的实施效力，加大其在各个部门之间的指导与协调的力度，学校可以委托一位副校长专门负责大学生素质教育管理组织的日常工作,包括大学生素质教育内容的研究、素质教育活动的规划与评估等。在该副校长的领导之下,还可以设置一系列由学生会、党委、校团委、就业指导中心、教务处、考核办、各个院系的相关领导组成的工作组,为副校长的日常工作建言献策,在辅助副校长完成高校大学生素质教育管理工作的同时,能够通过不定期的会议为各个部门的领导提供一个以"大学生素质教育"为主题的沟通平台,加强他们之间的沟通和交流活动。

（二）设置一个当代大学生心理与个性特征研究机构

该机构一是通过专业书籍、学术期刊、大众媒体的渠道,搜集其他学者的研究资料和研究成果；二是在本校定期开展对大学生心理与个性特征的调查活动,调查对象包括学生群体、辅导员群体、教师群体、学校管理者群体等,由此获得第一手资料；三是同样以校级课堂的形式,委托具有心理学、社会学或者教育学知识背景的专家、学者就大学生心理与个性特征展开具体的研究活动,从而获得更加专业、系统的研究资料和研究成果,并将这些资料和成果汇报给上级领导者,为具体的大学生素质教育管理活动提供一定的参考和借鉴。

（三）建立一个素质教育管理、规划与执行机构

该机构下设专业课程素质教育机构、选修课程素质教育机构、文体活动素质教育管理机构等。选修课程素质教育管理机构一是根据素质教育目标、教育内容及所在学校学生的心理与个性特征,来安排科学、合理、系统的选修课程体系,二是负责考核各门课程的教学内容与教学方法,三是负责监督各门课程的考试情况。高校素质教育管理系统中的文体活动素质教育管理机构应当分为两个具体的部门,即"自上而下"的文体活动管理部和"自下而上"的文体活动管理部。前者一方面负责安排高校党、团、学工部、组织部、学生会举办的一系列活动；另一方面负责鼓励学生积极参加校外以增强大学生素质为核心的优秀文体活动。后者则主要负责校内学生所举办的一系列文体活动。

该机构一方面制定日常考核指标,即了解大学生素质水平、素质现状,尤其是与国家素质教育内容相比,特定高校大学生内在素质存在的问题等,从而为素质教育相关决策的制订提供参考资料；另一方面对各个机构实施的素质教育活动的效果进行考核与评估,包括专业课素质教育效果、选修课素质教育效果、文体活动素质教育效果等。这既给相关部门和个人带来一定的压力,增强其实施素质教育活动的动力,同时也能够及时地发现问题,并采取具体的应对措施。

总体来说,各校要在正常的教学管理组织之外建构起一个独立的、由一位副校长负责的素质教育管理组织,其下设素质教育理论研究机构、现代大学生心理与个性特征研究机构、所在学校素质教育管理与规划机构、素质教育监督与评估机构等,从而围绕着"高校大学生素质教育"的目标和任务,评估、监督与指导高校正常的教学活动、文体活动,强化其素质教育改革的理念,提高其素质教育改革的质量和效率。

第四章 高校大学生管理工作的创新

第一节 高校大学生管理工作理念的创新

一、高校学生管理工作理念创新的意义

（一）高校教育创新的意义

创新是一个民族进步的灵魂，是国家兴旺发达的不竭动力。为了实现中华民族的伟大复兴和完成社会主义教育事业的历史任务，必须不断推进包括高校学生管理工作在内的教育创新。

1. 高校教育创新是时代发展的要求

当今世界，科学技术突飞猛进，知识经济已见端倪，国际竞争日趋激烈。人类社会发展到今天，相对于物质资源，人力资源成了第一资源；相对于人口数量，提高人的素质成了第一要务；在人的素质中，创新精神和实践能力是其主要内容。科学技术进步，越来越依赖于科技创新；知识经济发展，越来越依赖于知识创新。国际竞争，"说到底，是人才的竞争，是民族创新能力的竞争"。无论是科技创新、知识创新，还是民族创新能力的提高，最关键的都是人才。人才的成长靠教育，其中高校教育是非常重要的阶段。高校可以说是培养高素质人才的重要基地，进行教育创新从而适应时代对人才的需求，这对高校而言无疑将具有非常重要的意义。

2. 高校教育创新是社会主义现代化建设的需要

目前，我国已经进入全面建设小康社会、加快推进社会主义现代化的新阶段。在新世纪新阶段面对新形势、新任务、新问题，最根本的是坚持体制创新，大力推进经济体制、政治体制和文化体制改革，逐步消除经济、政治和文化建设的体制性障碍，为经济、政治和文化发展注入新的活力。而体制的创新，取决于理论创新和人的创新精神和能力，最终取决于创新人才的培养。高校教育是知识创新、传播和应用的重要基地，也是培育创新精神和创新人才的重要摇篮。无论在培养高素质的专业人才方面，还是在提高创新能力和提供知识、技术创新成果方面，高校教育都具有独特的重

要意义。高校承载着人才培养与输出的重大职责,只有不断推进教育创新才能为我国的现代化建设提供更多富有创新能力的人才。

3. 高校教育创新也是高校教育自身发展规律的必然要求

党和政府高度重视教育工作,我国教育事业取得了举世瞩目的伟大成就,实现了历史性跨越。高等教育的入学率已接近大众化水平,高等教育已迈入大众化阶段,高校管理体制和后勤社会化改革取得了突破性进展,教育质量和办学效益不断提高。这些都是高校教育改革创新的结果。但是,我国高校教育与发达国家相比还有较大差距,与社会主义现代化建设需要相比还有较大差距。我们的高等教育思想、教育体制和结构、教育内容和方法与社会主义市场经济体制不相适应的矛盾和问题,正在日益暴露出来。这其中,既有不少过去从未遇到过的新问题,也有一些无法回避的深层次矛盾。解决这些问题和矛盾,没有资料可找,没有现成的经验和方法,根本的出路正在创新。

(二)深刻认识高校学生管理工作理念创新的重要性

1. 创新学生管理理念是新形势下做好学生管理工作的首要条件和客观需求

随着改革开放的深入和市场经济的发展,学生对各种思想、文化的接受和选择有了更广阔的空间,社会上的各种思想和价值观念必然对当代大学生产生巨大的影响,给学生管理带来新的挑战。同时,我国大学教育的管理还存在着许多不适应之处,突出表现在许多教育管理人员仍沿袭传统的单一模式和思维习惯,原有的以学校和教师为中心、忽视学生主体性的管理模式,使学生管理面临新的困境。

2. 创新学生管理理念是新形势下做好学生管理工作的逻辑起点和必要前提

当前的高等教育正由精英教育向大众化教育跨跃式发展,既要把学生视为接受教育的对象,又要把学生当作管理服务的主体;既要严格管理规范,又要重视教育引导;既不能一味追求意志统一,又要充分保障学生权益;既要强调集体观念和社会需要,又要趋向于人的个体需求与素质发展。

因此,二十一世纪的高校学生管理首先必须对管理理念进行创新,并把这种理念创新当作高等教育大众化条件下学校管理工作的逻辑起点和必要前提。

3. 创新学生管理理念是新形势下做好学生管理工作的应有之义和关键所在

经济建设需要人才,而培养出的人才只有被社会所接纳,并转化为生产力,才能发挥作用。时代变化激发理念变化,理念变化决定时代变化。没有先进的理念,工作就缺乏正确的导向。高校学生管理工作的现代化首先是管理理念的现代化。学生管理工作作为高校学生管理工作的重要组成部分,就要求冲破传统束缚和实践障碍,解决好工作中的"瓶颈"问题。因此，从某种意义上来说，理念是管理的基础和先导，是管理的核心和精髓，是做好管理工作的关键所在。

二、正确理解学生管理工作理念创新的实质与内涵

从人类历史进步的角度来看，社会的存在是以人的存在为前提的，社会发展的动力来源于人创造历史的活动，社会发展的程度最终是通过人的发展程度来衡量的，社会发展进步的根本目的是为了实现人的发展。同时，人是社会赖以进步的第一重要的、起决定作用的因素，社会进步本质上是一个在改造客观世界的同时，不断改造人的状态、发展人的能力、提升人的价值的过程。育人是学校教育的第一使命。大学最根本的职能和最核心的价值是培养人才，促进人的发展。大学的历史使命是人的灵魂的塑造者，是主流价值观的传播者，是先进生活方式的倡导者，是人类精神交流的传递者。从大学的社会功能来，大学应该服务于先进文化的传承、创造和弘扬，应该服务于人类社会的整体利益，应该服务于国家和民族事业的全面进步。学生管理工作理应注重学生整体素质的提高，注重学生自由、充分、全面的发展。其基本目的是让受教育者尽可能深入、广泛、多样地了解人所处的世界，了解人自身所处的生存状态。而其终极目标是最大限度地挖掘自身的潜力，提高自己的综合素质，从而为人类社会的全面进步提供精神动力和智力支持。学生管理工作理念创新的主要内容包括以下几个方面。

（一）转变思想观念，坚持育人为本的管理理念

人是手段与目的的统一体。这就要求既要把人当作目的，又要把人当作手段；既要尊重人、关心人，又要管理人、发展人；既要满足人的物质利益，又要符合人的精神需要。同时，人又是权利和义务的统一体。这就要求学生管理必须体现民主、平等的精神，在管理工作中公平地善待每一个学生，尊重和保护学生的权利，坚持做到有管有放、有宽有严，为学生的全面发展创造最佳条件。育人为本，是人本思想在学生管理工作中的具体化，是科学发展观在高等教育领域的根本体现，是学生工作的根本出发点和落脚点。育人为本作为一种价值观，就是要以人为基础，以人为动力，以人为目的，强调唤醒人的自我意识，尊重人的主体地位；满足人的主体需要，尊重人的精神诉求；肯定人的自我价值，强调人的全面进步。育人为本作为一种工作方法，就是要坚持以学生的根本利益为出发点，既严格教育管理，又注重人文关怀；既严格纪律要求，又注重道德教化；既严格程序规范，又注重内容效果。育人为本作为一

种思维方式，就是要转变思想观念，强化服务意识，坚持"一切为了学生、为了一切学生、为了学生一切"，逐步实现民主交流、平等沟通、相互理解、和谐统一。

（二）贴近学生实际，坚持精细化的管理理念

所谓"精细化管理"，就是将管理覆盖到每一个过程，控制到每一个环节，规范到每一个步骤，具体到每一个动作，落实到每一个人员。学生管理工作的一个显著特点是所管理的事务繁杂、琐细。因此，学生管理工作的核心就是"在'细'字上做文章，在'实'字上下功夫"。在精细化管理中，关键要突出一个"细"。"细"有几层含义：一是规范。严格管理规章和工作程序，坚持制度面前人人平等。二是科学。善于运用现代管理方法和信息手段，积极探索和掌握学生管理工作的客观规律。三是到位。在学生管理过程中，每一个环节必须考虑到，不忽视微小的管理漏洞。四是明确。落实管理责任，将管理责任具体化、明晰化，要求管理的过程条理清楚、层次清晰。五是深入。把工作做得具体、做得扎实，追求一种精益求精的境界，使学校的管理水平迈上一个新台阶。

（三）整合各种资源，坚持系统化的管理理念

任何管理都是对系统的管理，如果没有系统，也就没有管理。系统化就是从整体上构建学生管理的系统模型和综合模块，把学生管理工作作为一个集学习机制、竞争机制、奖惩机制、决策机制、评估机制和反馈机制等于一体的动态过程。学生管理工作是一项系统工程。它不仅是学生工作者的责任，也是全校教职员工的责任，必须高度重视，加强领导，通力合作，形成合力，始终坚持依靠广大教职工、学生政工干部和全体学生积极参与的全员管理；必须针对不同年级的不同特点和不同个体的不同特征，将学生管理工作贯穿于学生成长成才的全过程。它又是全方位的，涉及方方面面，必须始终坚持管理即服务的观念，把解决思想问题和解决实际问题相结合，为学生做实事、办好事、解难事；始终坚持教育管理的理念，努力提升学生管理工作的人文内涵，强化育人效果。

（四）增强自律意识，坚持自主化的管理理念

所谓"自主化管理"是指在学生管理人员和专业教师的指导下，学生自我教育、自我管理、自我服务和自我发展的教育管理模式。其核心是关注人的发展，营造一种宽松、和谐的民主气氛，调动学生的主动性、积极性和创造性，培养学生的创新精神和实践能力。因此要充分发挥社团组织、学生团组织和学生党支部的作用，丰富课余生活，拓宽知识面，增长才干，陶冶情操，培养特色鲜明的校园文化精神；要充分发挥

学生干部和学生党员的先锋模范作用，让他们自觉地加入到学生的管理工作中来，成为重大问题的参与者、决策者，在参与管理的实践中尝试管理，学会管理，懂得管理；要充分发挥学生的主人翁精神，突出学生的教育主体意识，实现学生干部队伍自我管理制度化。

（五）以培养学生创新精神为核心素质的管理理念

这是解决高校学生工作培养什么人的问题。随着知识经济信息社会的到来，创造力将成为社会经济进步的主要动力，成为关系市场竞争成败的决定性力量，因此"唯文凭、唯分数、唯专业"传统的人才观已不合时宜。教育工作的重点应放在提高受教育者的创造力方面，通过在教育过程中对创造力的发掘、训练、强化、激发受教育者的创造热情和创造才能，积极培养适应时代要求的创新人才。二十一世纪的人才应是能够接受新技术革命的挑战，能够参与全球性竞争与合作，能够主动适应、积极推进甚至引导一系列社会变革的创新人才。

（六）突出主体、开发潜能、激发创造的管理理念

这是解决高校学生工作怎样培养学生的问题。传统的学生工作常常是管而不导，堵而不疏。这种治标不治本、浮在面上的学生工作方法已不能适应当代大学生的成长成才需要和现代高等教育发展形势。新形势下的学生工作要突出学生的主体地位、尊重学生个性的张扬与优化。通过理想信念教育，为学生进行自我选择和自我调整提供精神动力和行动指南；通过正面引导、反面惩戒来进行学生的需要诱导；通过动机激励、过程磨砺、利益驱动来进行学生的需要驱动；等等。激发创造学生内在成才动力，从道理上说服学生，让学生弄清是非，权衡利弊，从而使学生正确规范自身行为，正确选择调整自身在学习、生活中的需要结构。教育观念要打破统一思想、统一标准、统一布局的模式，就要适当地提倡拉开档次，铺开阶梯，允许有部分人先走上去，再把另一部分人扶上来。对广大青年学生，应当把他们当成能主动地参加教育活动的主体，而不仅仅是教育的对象和受教育者，改变以往的家长式、保姆式、灌输式的教育为疏导、启发、自我教育为主的方式。

（七）体现互动性、层次性、整合性的管理理念

这是解决高校学生工作体制的理念问题。高效的工作体制可以促发主体的工作热情、兴趣，使主体在工作中不断产生自我满足感和成就感，从而成为主体不断产生工作主动性、自觉性、创造性的不竭动力；也可使整个工作群体形成团队意识、协作精神。传统的高校学生工作体制存在一定的缺陷：一是体制重心的错位，造成协调、

服务部门忙于应付具体事物性的工作,而无暇对整个学生工作进行协调与把握;二是体制基层的虚位,学生工作基层组织的积极性没有充分发挥出来,使整个学生工作活力欠缺,创造力不够;三是体制的整体创造力的空位,造成领导机构、协调部门、基层组织的脱节。面对二十一世纪的高校学生工作必须适应培养高素质创新人才的需求,进行体制理念的创新,其中应注意三个方面:一是体制的互动性,有利于上层和基层相互激发工作活力与创造力;二是体制的结构层次性,有利于工作环环相扣、层层递进;三是体制的整合性,有利于局部服务于整体,全局指导、协调局部,发挥整个体制的凝聚力和资源整合力。具体来说,就是要形成"上"有"决策层",总揽高校学生工作全局,把握带基础性、全局性、前瞻性的大问题,坚持社会主义办学方向和育人原则;"中"要有"协调层和监控层",对学校总体学生工作进行具体指导、协调和监控;"下"要有"责任层和落实层",充分发挥基层组织的积极性,实行工作重心的下移,推行目标管理、量化考核的评价制度,建立竞争机制。这样整个工作网络就会形成一个动态、灵活的高效的"金字塔"型体系。

高校学生工作是一个系统工程,其不仅仅是某个部门的职责所在,学校应树立"全员育人"的教育理念,形成"人人皆教育之人,处处皆教育之地""教学育人、科研育人、管理育人、服务育人"的一个工作大格局。

(八)不断创新教育内容、服务内容的管理理念

这是解决高校学生工作具体工作内涵的理念问题。教育、管理、服务是学生工作的三大主题,但在新的时期,这三大主题的结合方式以及它们三者自身的内涵就存在理念创新的问题。传统上,不同程度地存在以管理为主的工作理念,而教育、服务功能被弱化、淡化,使工作一直停留在较低水平。面对新的形势:高校扩招,学生人数激增,学分制的推广,后勤社会化改革,学生的学习、生活的主要场所及方式都发生了很大变化等等。传统的教育、管理已不合时宜,不符合青年学生的心理特征变化和他们的成长规律。高校学生工作要转变观念,逐步从管理型向教育型、服务型转变,要转换工作职能。其一,要创新教育内涵理念。教育是一个系统工程,不仅要加强对学生的文化知识教育,而且要切实加强对学生的思想政治教育、品德教育、纪律教育、法制教育,等等,要培养富有创新精神和实践能力的人才。对于高校学生工作的教育内涵来说,就是要进行以创新教育为核心、思想政治教育为基础的全面成才教育。因此教育的方法主要是从说教式、灌输式的教育向启发式、引导式、激发创造式的教育转变。因为教育本身的要义就是要把教育内容内化为学生的内在需求,变以往学生被动的接受为主动的需要。其二,要创新管理内涵理念。高校学生工作要

从传统的以本本上的制度和手中的权力去管理的模式中走出来,注重"导向管理"。管理的内容要从点上的管理到整个层面的深层次管理;管理的对象要从个别管理到抓典型的管理;管理的依据要从校纪校规的管理上升到以法治校、民主治校的高度层次;管理的手段要变直接管理为主到以宏观和导向管理为主,变教师管理为主到以学生自主管理为主。总之,就是要从被动式、强迫式的管理变为主动式、民主式的管理,从以管理为主的工作模式走向以教育、服务为主的工作模式。其三,要创新服务内涵理念。这是探讨学生工作服务目标及方法等。高校学生工作要从管理型的工作模式走向教育型、服务型的工作模式,要为学生的成长成才创造各种有利条件,优化校园软硬环境,最大限度地激发学生全面成才的内在动力。服务的内容包含学生在学习、生活中不同层次、不同方面的合理需要。服务方式要在引进社区管理方式的同时,实现服务最优质化、物质利益的最小化。学生不仅是受教育者,也是教育投资者和消费者,要为学生提供各种生活服务,改善生活环境;对学生社区进行物业化管理,健全社区功能,构筑集文化、休闲、娱乐、购物、健身于一体的文化社区;提供勤工助学服务,扩大勤工助学的网络与途径,帮助困难学生顺利完成学业;提供学习服务,指导学生考研、出国、创作发明等;提供就业服务,健全信息网络,加强政策、心理、技术各方面的指导等。

(九)树立运用现代科技手段进行管理的现代理念

这是解决新形势下拓展工作领域的问题。网络技术的发展给传统的高校学生工作带来了新的挑战,同时也为学生工作提供了现代化手段,拓展了新的空间和途径。新形势下学生工作要转换教育观念,树立信息资源意识,主动超前介入网络教育平台,这是把握高校学生工作制高点的有效途径。网络的交互性、虚拟性、平等性、开放性等特点使学生教育管理工作也呈现新的特点,比如教育、管理方式的隐形化、个体化、咨询化和平等化等。学生工作进网络还是一个尚待深入研究的新课题,这不仅是学生工作某个方面或某个层次的创新问题,而且是互联网时代条件下高校学生工作的全面创新问题。其中至少应把握三个要义;一是要找准学生工作进网络的立足点,用正确、积极、健康、科学的思想文化信息占领网络阵地,提高学生"接受正确、有益的信息,抛弃错误、有害的信息"的能力;二是探究学生工作进网络的切入点,采取与大学生心理需求、生理特征及成长规律相适应的生动活泼、喜闻乐见的形式和内容;三是要把握学生工作进网络的融合点,"进"不是简单地将学生工作的内容放在网上,也不是单一地把它作为技术性质的信息交换系统,而要从本质上实现学生工作与网络的融合,达到内容和形式、科技与人文的有机融合,充分发挥网络在学生工作运用中的服务功能、教化功能、引导功能和管理功能,趋利避害,规范网络道德,培养积极、健康、科学的网络文化。

三、高校学生管理工作理念创新的重点方向

(一)高校学生管理工作应秉持以人为本的理念

从人类精神解放或人的精神发展过程来看,以人为本是人本主义思想发展的较高层次。人本主义思想的发展经历了超越自然(神)本位、超越人伦本位和以人为本三个层次。在超越自然(神)本位层次,人类相对摆脱了自然(神)的束缚,开始看重和强调人类本身,确立了人类的优越和中心地位,人类获得了相对的自由。在超越人伦本位层次,个人相对摆脱了传统人伦文化的束缚,开始看重和强调个体的价值,确立个体的人身地位,从而获得了个体的相对平等和自由。在以人为本层次,个人相对摆脱了自身的束缚,开始注重个体的异化,在不断否定自己的过程中,使自身的肉体和精神相对分离,个体获得了精神异化的相对自由。因此,以人为本同以人群为本位而脱离自然(神)束缚,从而重视整体人群的价值不同,它是以个体为本位,要求个体摆脱人伦文化的束缚,强调个体间的自由与平等,强调一种以充分发挥个人价值的"个性主义"为原则。

以人为本与马克思主义学说的基本价值追求是一致的。纵观马克思主义的庞大思想体系,它构建了两个并行不悖、相得益彰的价值目标——建立共产主义社会制度、在高度发达的物质生产力基础上全面发展的从必然王国走向自由王国的人。在《1844年政治经济学哲学手稿》中,马克思设置了自己思想体系中的人道主义追求。在那里,共产主义的最高目标是为了人向真正的人复归。"这种共产主义,作为完成了的自然主义,等于人道主义,而作为完成了的人道主义,等于自然主义……"虽然马克思所设想的未来人主要是消灭了体力劳动与脑力劳动的对立,能够在生产过程中各部门自由流动的人,但它已包含着人与自然、人与社会及人与人的矛盾的完全解决。按照人本主义发展的层次,它应该属于超越自然(神)本位(解决人与自然之间的矛盾)和人伦本位(解决人与人之间、人与社会之间的矛盾)之后的以人为本层次。由此可见,将"以人为本"作为工作理念是符合马克思主义的内在要求的。不可否认,人本主义思想具有多方面的局限性。但是,站在马克思主义人本思想的高度,对"以人为本"内涵的理解不应该仅仅从其发展过程上理解,尤其不应该就其局限性而否定其进步性、合理性,还应该从其层层递进的逻辑性上理解。由此而言,"以人为本"作为人类精神解放或人的精神发展的最高层次,必须涵盖以下三个方面:一是

人与自然关系的合理解决,包括人(类)主体地位的确立、科学主义精神的弘扬;二是人与社会的关系、人与人的关系的合理解决,包括合理的个人主义和集体主义原则;三是人与人自身的关系,包括人自身物质享受和精神追求的协调发展。

1.高校学生管理工作中人本理念的含义

高校学生管理工作中的人本理念就是以"以学生为本"的理念,即要进一步强调大学生在学生工作中的重要地位,进一步加强对学生的教育、管理、指导和服务,为学生的健康成长和全面发展创造条件、营造氛围;要调动学生的积极性、主动性和创造性,强化其在教育过程中的主体作用,发挥其自我教育、自我管理、自我服务的作用;要了解学生、尊重学生、理解学生和信任学生。同时,我们又必须明确,坚持"以学生为本",不但不能放弃,而且更应加强教师的主导作用。学生始终是受教育者,尊重受教育者在教育过程中的主体作用并不是意味着要放弃管理者在教育过程中的主导作用,学生工作者始终负有教育、管理、指导、服务学生的责任,我们坚持"以学生为本",就是要把这种教育、管理和引导的作用发挥得更好、更到位,更有利于学生的健康成长和全面发展。坚持"以学生为本",不但不能弱化,而且更应强化对学生的管理。以学生为本并不意味着迁就学生,让学生放任自流、无所顾忌,而是对我们的管理工作提出了更高的要求,要用更科学的方法管理学生,以保证学生沿着健康的轨道成长和发展。

坚持"以学生为本",要求我们明确学生工作的任务就是要努力为学生的健康成长和全面发展创造条件,营造氛围。高等学校的根本任务是育人,作为高校基础工作的学生工作,它的最根本问题就是学生的发展问题,就是确立更佳的目标、创造更好的条件、采取更好的措施,为学生的健康成长和全面发展提供教育、管理、指导和服务。对学生工作而言,就要围绕学校人才培养目标,着眼于德的要求、生理健康和心理健康的要求、创新精神和社会适应能力的要求等方面,既突出创新精神和实践能力的培养,又全面体现素质教育的要求,在第二课堂上下功夫,在指导和服务上做文章,努力为学生的健康成长和全面发展创造条件,营造氛围,促进学生成为全面发展的能适应社会需要的人才。

坚持"以学生为本",就要求我们把学风建设作为学生工作的切入点。学生的根本任务是成长和发展,成长和发展的重点是学习,尤其是专业知识的学习。学生工作为学生的成长和发展服务就是要创造良好的学习环境,学风建设是创造这种环境的重要内容,抓学风建设是学生工作体现"以学生为本"的切入点和着眼点,以此可以防止把学生工作与教学工作等其他工作相割裂的现象,避免出现"两张皮"的局面,切实有效地服从和服务于学校的中心工作。

坚持"以学生为本",要求我们强化对学生的指导和服务。学生工作要从以教育、管理为主的工作模式转变到在加强教育、管理的同时,强化指导和服务的新格局上来,着力构筑指导、服务学生的工作体系,这既是"以学生为本"工作理念的体现,也是满足学生多样化需求的必然要求。学生工作要注重科学化管理,实现日常管理的制度化和规范化。学生工作要注重学生的自我教育,自我教育是教育的最佳方式和最终目的,因此在学生的自我教育过程中要加强引导。学生工作要加强指导和服务,帮助学生解决各方面的具体困难。

坚持"以学生为本",就要求我们着力推进全员育人局面的形成。首先要明确在教学科研和在大学里学生工作与教学工作、科研工作、后勤工作的关系,要认识到学生工作不是一项孤立的工作,而是与三者紧密联系在一起的。教学、科研和后勤工作中都有育人的任务,要继续强调"教书育人、管理育人、服务育人",调动全校教职员工的育人积极性。同时,要实行系(部)主任负责制,系(部)主任要对所在系的工作负全面责任,其中很重要的一个方面就是对学生工作负责,既要关心学生工作,更要直接参与学生工作。专职学生工作者的基本职责是学生的日常思想政治教育、学生行政管理、对学生的指导和服务、主持学生中的党团工作,他们要在全员育人的环境下做更多更扎实的工作,发挥更大的作用,并且要带动广大学生自我教育、自我管理和自我服务。除此之外,在条件成熟时还要将学校育人与社会育人、家庭育人更紧密地结合起来,形成更广泛的全员育人的局面。

2."以人为本"理念是高校学生管理工作创新的灵魂和核心

首先,贯彻"以人为本"的工作理念是形势所趋。从高等教育自身的发展来看,在计划经济时代,学校代表国家为学生提供福利性质的教育,学校和学生之间是教育与被教育的关系。随着高等教育改革的不断深化,学生和国家对教育费用实行成本分担,学生由单纯的享受国家福利变成了自身教育的投资者,学校和学生在一定程度上形成了经济学意义上的服务与被服务的关系。学生缴费上学,学校提供教育服务。高校是培养社会主义建设所需的各种人才的重要基地。可以设想,如果高校的学生管理工作不能体现"以人为本"的宗旨,那么社会就失去了人才上的保障。因此在这样一种大环境下,在高等教育中贯彻"以人为本"的教育理念不仅有着充分的社会基础,也是社会形势向高等教育提出的新要求。

其次,贯彻"以人为本"的学生管理工作理念是学生管理工作的内在要求。有些学生管理工作者往往把学生管理工作理解为要"管住"学生,理解为通过外部强制作用规范学生的日常行为。这种工作理念严重限制了学生管理工作的开展范围和工作效果,甚至违背了学生管理工作的根本目的。过去我们过分地强调学生管理工作的思政任务,而忽视受教育者的主体价值;过分地强调思想统一,而忽视大学生的个性培养。思想道德素质的培养其实是一个人格创新过程,包含着思维能力、判断能力和实践能力的训练过程。这个过程是由主体完成的,外在的因素只是起到引导、启发作用。过去有些人把学生管理工作的目的理解成要把大学生变成思想上无差别的个体,要求学生整齐划一,这种工作理念必然导致采取家长式的工作方式。在这种工作理念指导下的学生管理工作不仅在本质上偏离了学生管理工作的根本目的,也不能在现实的工作中适应大学生的具体情况。因此学生管理工作必须在理念上进行转变,要充分认识到学生管理工作的目的在于提高学生的思想政治水平、价值判断能力和道德品质修养,这就决定了学生管理工作必须要获得学生们的主动参与,而只有在工作中最大程度地体现"以人为本"的工作理念,才能达到激发学生主动性、发挥主体能动性的目的。

最后,学生管理工作和思想政治教育相结合是贯彻"以人为本"工作理念的必要手段。贯彻"以人为本"的工作理念,要积极推动思想教育与学生管理相结合,在通过规章制度等约束人的行为的同时,把思想政治工作的柔性导向融入其中,把自律与他律结合起来。没有思想教育的学生管理是简单粗暴的,没有学生管理的思想教育是软弱无力的。过去我们的思想政治工作没有很好地把握和处理教育与管理的关系,使得思想政治教育失去了管理的依托,使得学生管理失去了其教育人的内涵,忽视了对大学生主体性价值的尊重,从而削弱了思想政治工作的有效性。在新形势下,高校要坚持"立足于教育、辅之以管理、寓教育于管理"的思想政治工作原则,通过将教育落实到管理中,把管理上升为教育,使得两者相得益彰、互补互促,以达到塑造人、引导人、规范人的目的。

传统的学生管理工作比较强调灌输,普遍采取管理者集中式教育的方式,这样容易造成学生实践体验和独立思考能力的弱化。学生管理工作者应树立以学生为中心的工作观念,注重学生的独立思考和自我教育,根据学生成长的内在需要和规律,重视大学生所接受信息的复杂性,在引导的基础上努力实现学生对教育过程的主动参与,在参与中发挥其主体能动性,真正达到确立正确的世界观、人生观的目的。同时,学生管理工作内容上的创新和形式上的创新是分不开的。一种新的工作理念的实行,一种新的工作方法的运用,都需要在工作内容上进行相应的调整,而一种新的工作内容往往也就意味着新的工作方法的引入。

3. 高校学生管理工作中人本理念的基本要求

在高校学生管理工作中真正贯彻人本理念,就一定要切实地尊重学生、关心学生、培养学生、激励学生、服务学生,把培养学生健康成长和最终成才、把促进学生全面发展作为学生管理工作的根本目标。

首先,要尊重和信任学生。以人为本的核心就是管理者对人的尊重和信任。尊重和信任学生,就是充分尊重学生的人格、自由、权利,尊重学生的独立性和创造性,要积极地、有意识地鼓励和引导学生自己去摸索,让学生学会学习。这里的尊重与信任,并不是在管理上对学生不理不管、放任自由,而是以一种更积极认真的态度,把参与管理变为学生自身的一种需求,充分信任学生的自我管理能力、自律能力和相互协调能力,以激发学生学习和生活的热情,在尊重信任学生的基础上体现严格要求。管理者在与学生的交往过程中,应该成为学生的良师,对学生进行思想品德教育和行为准则教育,教会学生如何做人;同时还应成为学生的益友,在学习和生活上指导学生健康成长,帮助学生解决实际困难,维护学生的合法权益。这种良师与益友的关系在很多场合是交织在一起的,贯穿于学生管理工作的整个过程。

其次,要关心和爱护学生。要针对学生的特点,采取适应学生的有效措施,主动关心学生在学习中遇到的困难,及时为学生提供指导与帮助;关心学生的身心健康,经常与学生谈心,解除学生的一些思想负担,积极组织开展多种文体活动;关心学生的生活困难,掌握贫困生的情况,帮助学生克服解决一些实际困难;关心学生的权利,在奖学金评定、评选先进、选拔学生干部、发展党员等方面增加工作的透明度,并力求做到公正、公平、公开。

最后,要培养和激励学生。学生管理最重要的任务是提高人的综合素质,而人的素质是在社会实践和教育中逐步发展和成熟起来的。通过教育,不断提高人的思想道德素质、科学文化素质和健康素质是管理工作的主要任务。因此全面提高人的素质,对学生不断进行培养和教育,就必然成为学生管理活动的一项重要内容。实行辅导员助理制,在高年级培养选拔一批思想素质好、专业基础扎实、富有责任心的学生做低年级学生的辅导老师,培养他们成为低年级学生学习上的指导者、生活上的辅导者、思想上的引路者、人生中的影响者,使之在实践中不断充实自己、提高自己、丰富自己、完善自己。在学生管理过程中,灵活多样地运用各种适当的激励方式,对学生工作显得尤为重要。美国著名心理学家马斯洛认为,人是自然人与社会人的混合体,作为自然人他们有生理的需要、安全的需要,作为社会人他们有社交的需要、尊重的需要和自我实现的需要。要通过采取适当的激励措施来满足各种不同层次的需要,要根据不同的情况、不同的对象采取不同的激励方式,尤其要注意满足作为社会人的社交、尊重和自我实现方面的需要。要通过构建激励机制,努力去满足学生不同层次的需求。

(二)高校学生管理工作应秉持契约理念

1. 引入契约理念的必要性

在我国,随着高等教育大众化时代的来临,传统的凭借高校权威实施学生管理的模式,已不适应我国高等教育的发展。高等教育收费制度以及现代民主法制社会的建立,使高校与学生的关系发生了实质的变化。学生开始缴费上学,虽然学生所交纳的学费并不足以抵消平均培养成本,但这已使高等学校与学生的关系由过去单一的纵向行政关系转变为包括花钱购买教育服务的消费关系在内的多重法律关系。学生的权利被强调和重视,学生已成为教育法律关系中独立的重要主体,这些都要求高校对学生的管理方式也应发生相应的变革。基于高校与学生法律关系在性质上的变化,契约式管理也应采取不同的形式,并严格遵守不同形式契约的原则。在校方提供教育服务和生活服务的过程中,高校与学生之间存在平等的民事法律关系,比如,高校与学生之间存在一定的民事合同关系。学生的报考和高校的招录,相当于合同缔结中的要约与承诺;学生入学,要向校方缴纳学费,作为回报,校方应提供一定质量的教育和生活服务;在学生付费,学校及其内部机构提供服务的领域,学校与学生地位平等,若有违约则必须承担法律责任。另外,学校的内部事务管理不能侵犯学生的财产或人身权利等等。学生身份的消费者性质,要求高校,特别是公立高校,作为教育公共部门,要提供相应的公共服务及其物质条件,其中包括承诺的教育水准、充分的校园安全、足够的教学设备、良好的学习与生活条件等。在高校提供的生活服务领域,高校不应以管理者的姿态侵犯学生作为消费者的权利。

高校和学生之间的民事服务关系,是一种平等的民事契约关系。学生享有完全的自由、平等权利,有权要求学校提供高质量的服务。例如,高校在收取学生缴纳的诸如学费、住宿、生活用品、网络服务、餐饮等方面的费用后有义务按承诺提供相应的产品与服务。高校在特定范围内,特别是在确立、变更、终止民事权利与义务关系的领域,如高校提供住宿、学生交纳费用、学生提供一定劳务、学校支付一定劳务费等。通过高校或高校职能部门与学生之间订立民事契约,达成一定目标,已成为世界各国普遍采纳的方式。从同为民事主体的角度来看,学校和学生之间应该是一种平等的关系,双方都对对方既有权利又有义务。学校在拥有对学生的管理权的同时,学生也拥有维护自己权益的权利。学校不再拥有绝对的权威,学生也不再是完全的被管理者,二者之间具有平等的地位。目前,很多高校已开始以与学生订立合同的方式实施学生的宿舍管理、餐饮管理、网络使用管理、付费使用的校园资源管理等。然而,从大部分高校与学生签订的合同内容来看,所谓的民事性质的合同大多流于形式。存在的问题主要是高校与学生签订的民事合同并未体现双方主体地位的平等,学生缺乏可选择性权利,仅规定学生的义务;缺乏学校义务性规定,高校与学生权利与义务的规定严重不对等;仅规定学生的违约责任,缺乏学校未提供合同承诺的服务的违约责任;合同的制定缺乏学生的参与,仅仅是学校职能部门意志的体现。

与此同时,在学籍、学位、考试评估、教育教学秩序维护等教育教学管理领域,高校与学生之间存在行政法律关系。依据我国法律规定,经法律法规授权的社会组织,可以成为我国行政关系中的行政主体,拥有一定的行政职权。高校就属于这一类行政管理者,依据有关教育法的授权,可以对学生进行教学管理,做出奖励或惩罚,并自主决定是否对学生颁发毕业证或学位证。在这些活动中双方之间并不具有平等的地位,是一种强制性的命令与服从的关系。因此,从理论上可以认为,这种关系属于一种特殊的公法上的行政关系。

高校与学生行政契约关系的建立,使学生可以真正参与到高校事务中来,体现学生的主体地位,不仅可以减少潜在冲突的发生,而且可以改善高校与学生的关系,建立彼此合作、相互依赖、相互尊重、平等对话的良性互动关系和双方主体间的伙伴关系。契约的应用与缔结,使高校与学生在契约的维持下保持持续、稳定的协作关系,有利于学校秩序的稳固化。

2. 契约理念的基本要求

高校与学生之间契约的本质,既是高校用来维护教育教学秩序的手段,又是学生对高校权力进行限制的方式,这对高校以及高校学生管理工作者提出了新的要求。首先,要求高校平等对待学生。把契约的平等精神引入教育行政领域,让学生在与学校具有平等地位的前提下商议教育行政目标的达成,使教育行政减少不平等与特权性的因素。契约的基础是双方主体地位平等、协商一致,契约的形成过程是民主的过程,契约充分体现了民主的本质与特性。现代行政本质上以民主宪政为基础,强调公民权利、人格尊严、社会公正与社会责任,重视公民的参与,充分体现了契约的精神。现代教育行政在法律授权的前提下,具有裁量性、能动性,在学生管理中引入契约理念,不仅与依法行政具有相容性,而且可以凭借契约手段灵活应对学生管理中出现的复杂、动态和难以预见的问题。其次,要求高校尊重相对人的意志。把契约的自治精神引入教育行政,使学生有选择的权利,进行商议的过程也是其利益权衡的过程,选择是契约精神中的应有之义。通过选择建立沟通渠道,这也是行政契约最突出的优点和功能。而一般行政行为缺乏沟通功能。契约作为一种制度、观念、方法,已在行政运行秩序中得以建立、吸收和广泛应用。在行政法学中,我国学者对契约能否在行政权力行使过程中予以运用或许会有不同看法,但对行政契约的存在、行政契约的特征以及行政契约的基本类型等问题的观点则大体一致。因此,考虑教育行政的民主参与、教育行政方式的多样化和教育行政的目的等因素,应允许在高校学生管理中"讨价还价"和"议价行政"。最后,要求高校重视学生的权利。在行政契约中同样有相对人——学生的权利,通过行政契约使高校更加尊重学生权利,同时通过学生权利的实现来制约高校的权力。考虑高校权力制约的需要以及高校与学生之间的行政契约关系的特殊性,在高校与学生缔结行政契约的过程中,应有以下几个方面的限制:一是职权限制。高校必须在法律赋予的职权范围内缔结行政契约,不得越权行政。二是法律限制。高校缔结行政契约不得与法律法规的规定相抵触。三是内容限制。行政契约的目标是实现公共利益,因而行政契约的内容不得违反社会公益。由于高校在行政契约的缔结中处于优势地位,可能会出现在实践中滥用职权、违法行政的情形,如:高校的行政契约与其行政命令同构化,强制与学生缔结行政契约,违反应有的合意;高校滥用选择权,"暗箱操作",损害学生利益或国家利益。因此,必须限制行政契约的内容和目的。

在高校学生管理中强调契约精神,重视契约观念、契约手段以及契约制度,并不意味着完全以契约取代权力。高校的学生管理权力在教育法中仍然存在并发挥着应有的作用。由于契约意味着人性尊严、平等诚信、公正责任等,因而契约在高校学生管理中的引入,可以增强学校与学生的协作,提高学校教育服务的水准。

(三)高校学生管理工作应秉持开放理念

1. 开放理念在高校学生管理工作中的重要意义,开放的中国需要开放的高等教育,开放的高校学生管理工作是开放高等教育的一个重要组成部分。落实科学发展观,构建社会主义和谐校园,弘扬社会主义核心价值体系,对高校学生教育管理提出了新的要求。开放促进了高校内部管理体制、教学方式、管理模式的改革,在学生教育管理方面呈现出以下一些变化:一是学分制的逐步实行,"同班不同学,同学不同班"人数增多,使学生由班内走向班外。二是实践课程比重增大,理论教学课时相对减少,使学生由课内走向课外。三是后勤社会化的实施,分散住宿范围扩大,使学生由校内走向校外。四是法制观念的逐步强化，使学生维权行为时有发生。五是大学国际化的推进，形式多样的国际合作办学增多，使学生由国内走向国外。六是网络的普及和便捷，已成为与家庭、学校并列的第三种成长环境，使学生由现实世界走向虚拟世界。因此，高校学生教育管理工作，必须针对上述新变化，适应开放提出的新要求，审视开放带来的新挑战，采取扎实有力的措施，将教育管理的任务落到实处。

现在的大学生有崇尚自我、张扬个性的心理，面临着成才发展要求与教育教学以及学习、生活条件相对不足的矛盾，越来越强的维权意识、自主意识与自律意识薄弱、抗挫折能力不足的矛盾，在日益开放和多样化的社会生活环境中自我价值的选择、取舍的矛盾。学生的教育管理工作应贴近学生的学习和生活，帮助他们解决成人感与孩子气、求理解与易闭锁、尚理智与好冲动、理想化与现实性、社会多样化与信念一元化等困惑，帮助他们在包容多样中形成思想共识，在理解变化中促进健康成长。只有这样，高校学生管理工作才能得到有效的改进。高校的学生教育管理工作是一个具有特定功能的组织系统，开放是其重要特征之一。高校学生教育管理目标的实现和任务的完成取决于学生教育管理系统内部要素的合理建构和与外部环境的物质转移、能量循环和信息交换。高校学生管理工作的开放包括以下两个方面：一是指其系统内部的相互开放，即理性提升的教育系统、规范强化的管理系统、学习生活的服务系统等子系统有分有合、资源共享、互为利用，从而促进资源配置和利用效率的提高。二是指其系统的对外开放，即对社会开放。一方面接受社会辐射，积极扬弃，争取资源，为我所用；另一方面发挥高校思想高地的作用，影响社会，引领发展，增进和谐，促进学生教育管理水平的提高。因此，在改革开放的历史条件下，做好高校学生教育管理工作，需要强化开放的理念。

首先，开放理念是加强和改进高校学生管理工作的本质要求。"没有开放，就没有大学教育"，"培养什么人，如何培养人"始终是高校孜孜不倦地思索、追求、实践的根本问题。前者要求解决好教育的理想性和现实性相结合的问题，大学教育说到底是一种"完人"的教育，正如爱因斯坦所说的那样："当学生走出校门的时候，他应该是一个和谐的人，而不应仅是一名技术人员。"和谐的人应具有社会中的共生意识、发展中的合作意识、理政中的法治意识、交往中的宽容意识和建设中的生态意识。后者则要求处理好教育的规范性和开放性相结合的问题。教育的规范性通过制度、传统、习惯、氛围等环节来体现，而教育的开放性则表现为教师与学生、学校与社会、有形教育与无形教育的互动，实现的途径就是以开放的理念推进学生教育管理开放，使大学教育成为终身教育体系的一个重要环节，成为学习型社会建构中的一个重要园地，成为与家庭教育、自我教育、社会教育相贯通的一个重要枢纽，成为学生社会化过程中的一个重要阶段。因此，推进高校学生管理开放，不仅是理性的自觉，更是现实的需要。

其次，开放理念是加强和改进高校学生管理工作的源动力。开放促进高校学生教育管理改革，推动高校学生教育管理创新。开放使高校学生教育管理工作视野由窄变宽，动力由小变大，要求由低变高，措施由软变硬，导向由虚变实，负荷由轻变重，节奏由慢变快，从而使高校学生管理工作呈现三个鲜明的价值取向：一是"三力"合一，同频共振。即国家的意志力、学校的执行力、学生的内驱力在具体工作理念层面实现有机统一，使学校的发展目标与国家的战略需求相同步，学校的教育教学要求与学校发展目标相协调，学生的教育管理举措与学校的教育要求相匹配，学生的内在需求与学生教育管理的举措相一致。二是"三成"共举，协同俱进。即成人、成才、成功在具体工作目标层面实现有机统一，使学生真正地形成在淳朴中适应、在和谐中竞争、在厚实中创新的良好品格，使高校学生教育管理工作在促进全面发展与充分发展、课堂教学与实践锻炼的内在统一上尽责有为。三是"三有"并行，交融渗透。即有情、有理、有效在具体工作操作层面实现有机统一，把爱的教育贯穿于高校学生教育管理的全过程，把理论学习、教育和实践作为高校学生教育管理的一项重要任务，把解决问题、启迪心智、引导发展作为高校学生教育工作的重要切入点。

最后，开放理念是加强和改进高校学生管理工作的重要保证。开放的高校学生管理工作具有三个特点：一是自觉性。高校学生教育管理工作的加强和改进是一个不断求真、崇善、尚美的过程。求真就是合规律，高校学生教育管理既要合教育内部的规律，还要合教育外部的规律，否则就会事倍功半。崇善就是合目的，高校学生教育管理要全面体现党的教育方针，做到让党放心、让人民满意、让学生喜欢。尚美就是合形式，高校学生教育管理要在构建社会主义和谐校园中做出更大的贡献。二是自律性。开放的高校学生教育管理工作是对传统循规蹈矩、就事论事的工作方式的超越。开放不是放手不管，更不是放任自流，而是开放的理念统揽全局，用开放的心态包容多样，用开放的举措推动工作。三是自为性。开放的高校学生教育管理有利于争取更多更好的教育资源，为我所用；有利于营造良好的环境氛围，为我所享；有利于促进教育管理队伍素质的提高，为我所为。

2.高校学生管理工作中开放理念的基本要求

首先，应牢牢把握高校学生管理工作开放的方向性。一是要坚持用毛泽东思想、邓小平理论、"三个代表"重要思想、科学发展观理论和习近平新时代中国特色社会主义思想等马克思主义中国化成果武装学生头脑、指导学生实践、推动学生工作,牢牢把握学生教育管理的指导权、主动权、话语权。二是要牢固树立中国特色社会主义的共同理想,引导学生自觉在党的领导下,走中国特色社会主义道路,为建设民主、富强、文明、和谐的社会主义国家而勤奋学习,建功立业。三是要大力弘扬民族精神和时代精神。民族精神和时代精神是社会主义核心价值体系的精髓,只有大力弘扬民族精神和时代精神,才能使青年学生始终保持昂扬向上的精神状态。四是要深刻认识社会主义荣辱观的科学内涵,真正弄清其与社会主义市场经济相适应、与社会主义法律规范相协调、与中华民族传统美德相承接的深层关系,科学把握其先进性、广泛性,要求和群众性基础的内在统一,促进社会主义道德体系在学生心中扎根。

其次,应突出高校学生管理开放的主导性。一是要重视思想政治理论课教学在学生管理中的主渠道地位。"教学有法,教无定法,贵在得法。"应根据大学生的认知特点,不断丰富教学手段,加强实践教学的环节,强化课程研究,确保讲出新意和特色,说出深度和规律,讲出学生想听的和我们想说的,提高教学的针对性和实效性。二是必须始终坚守思想政治教育这块学生管理工作的主阵地,坚持贴近实际、贴近生活、贴近学生的原则,把学生公寓建设成集思想教育、行为指导、生活服务、文化熏陶为一体的"第二课堂",加强思想政治教育主题网站建设,综合运用技术、行政和法律手段,全面加强校园网络管理,防止有害信息在校园网上传播;加强网络管理工作队伍和网上评论员队伍建设,掌握校园网舆情,引导网上舆论。三是要切实开展好党团组织活动、高品位的校园文化活动、大学生社会实践活动、科技创新创业活动和体育活动,引导学生在活动中受教育、长才干、做贡献。四是要重视学生管理工作队伍建设。做好学生教育管理工作,光靠经验和热情是不够的,必须有一批从事学生教育管理的高水平的专家。应从制度、政策、人事编制、职务职称序列上鼓励一些德才兼备又有奉献精神的同志去从事学生的教育管理工作,让他们真正把这项工作当作一项事业、当作一门学问、当作一个可以建功立业的岗位去钻研和奋斗。

再次,应增强高校学生管理工作开放的针对性。高校学生管理要从学生最关心、最直接、最需要、最现实的问题入手。一要引导学生学会学习,变"学会"为"会学"。更新学习观念,变革学习方式,创新学习手段,提高学习效率。二要引导学生学会自强,变"助我"为"我助"。进一步落实助学贷款,设立助学、奖学金,建立与就业相结合的奖学金制度,组织好学生勤工俭学。三要引导学生学会创业,变"就业"为"创业"。把培养学生的创新精神、创业本领、实践能力放在重要位置,改革教学内容和课程体系,完善鼓励和支持高校毕业生创业的制度和措施,提供创业的优惠条件,加强对创业活动的指导和管理。四要引导学生加强心理健康知识普及教育,通过宣传倡导、教育引导、活动推导、家长督导等途径,做好心理健康教育工作,加强危机干预,消除潜在隐患。

最后,应强化高校学生管理工作开放的基础性。大学历来是社会文明的源头,是引领文化潮流、传播科学思想、开创文明新风的地方,倡导和谐理念、培育和谐精神是现代大学精神的应有之义,大学应该担负起和谐社会首善之区的使命。在建设社会主义和谐校园中,要发挥高校学生教育管理工作的思想导向作用,奠定和谐校园建设的强大思想基础;要发挥高校学生教育管理工作的价值引领作用,倡导和谐校园的正确价值取向;要发挥高校学生教育管理工作的道德规范作用,构筑和谐校园的坚强道德支撑;要发挥高校学生教育管理工作的文化建设作用,形成促进和谐校园的文化环境。开放的高校学生教育管理工作必须坚持教书与育人相结合、教育与自我教育相结合、政治理论教育与社会实践相结合、解决思想问题与解决实际问题相结合、教育与管理相结合、继承优良传统与改进创新相结合。就管理而言,还应坚持从严管理和科学管理、民主管理和依法管理相结合。按照依法办学、依法管理的要求,建立起学生维权工作机制,使思想教育与维护和保障学生权益工作相统一,提高学生的权利和义务意识,使学生的各种权益得到切实维护和保障,凡是办理有关学生事务,制定出台涉及学生切身利益的政策、规定、程序,都必须通过一定渠道听取学生的意见,做到公开透明,真正建立起维护和保障学生权益的服务体系,确保培养目标的实现。

四、积极探索高校学生管理工作理念创新的实现途径

(一)加强高校学生工作者队伍建设,提高学生管理者的基本素质和理论水平

努力建立一支高效、精干、稳定、专业的学生工作者队伍,是做好学生管理工作的关键,是实现学生工作管理理念创新的根本。学生工作者要培养和造就高素质人才,自身必须具备较高的政治思想素质、合理的知识结构和较强的能力素质,并有较完善的自我形象和人格力量。作为学生工作者,如果放松了学习,思想就会落后于形势。因此,学生工作者要突破以往的思维定式,适应时代和高校发展的要求,重新定位自己。只有这样,才能担当培养合格的社会主义建设者和接班人的重任,开创高校学生工作新局面。面对社会意识形态的复杂化,学生的学习、心理和就业等压力的加大,学生工作者队伍的地位和作用变得越来越重要,社会对这支队伍的要求和期望

也越来越高。一所学校纵然要有许多学识渊博、造诣精深的教授、学者,要有许多先进的教学科研设备和优美的校园环境,但如果没有高素质的学生工作者加以管理和教育,也难以培养出高质量的创新型人才。高校学生工作者作为思想政治工作的主体,在高校思想政治工作中发挥着十分重要的作用。他们面对的是具有较高文化层次、思想活跃、反应敏捷、善于独立思考、敢于标新立异、涉及的知识领域越来越广的大学生。因此决不能再按老框框办事,不能静等观望,而必须从现状中跳出来,按新时期对大学生培养模式的要求发挥应有的作用。学生工作者是学生思想政治上的向导,是学生学习上的督导,同时是人际关系上的协调者和生活上的关心者。学生工作者独特的人格魅力在学生中具有一定的示范作用。学生多数是远离家乡、父母,缺少关怀照顾,他们需要有人关心,更需要交流、沟通。多数学生从心理上把学生工作者作为自己的知心朋友,学生工作者往往以师长、朋友的身份处处关心、体贴学生,为他们做好服务,使学生在润物细无声中愉快地学习、生活,健康成长和成才。因此,提高学生工作者的素质成为必要。

  一支品德良好、品行端正、作风优良的学生工作者队伍,其一言一行、一举一动,将会成为学生优良品德形成的表率和楷模。因此,学生工作者必须做到坚持真理、忠于职守、为人师表、以身作则、办事公正、任劳任怨。尤其要坚持树立敬业创业精神和艰苦奋斗精神,发扬革命的献身精神和奉献精神,用自己的实际行动去影响和促进学生进步和成长。除了这种最基本的人格魅力之外,高校学生工作者要不断提高自身的思想素质、业务素质和政策水平。在当前思想观念、文化思潮多元化发展的趋势下,学生工作者必须转变观念,不断创新,应从以下几个方面着力提高自己的素质。首先,要具备精深的思想理论素质和业务素养。通过自学、参加培训等形式,认真学习马列主义、毛泽东思想、邓小平理论、"三个代表"重要思想、科学发展观理论以及习近平新时代中国特色社会主义思想,学习党的路线、方针和政策,学习高等教育理论与管理理论,了解高等教育改革的经验和做法,努力把握时代脉搏,提高工作的针对性和有效性。通过各种形式的理论学习和研讨,使自己从中汲取改进工作的智慧和动力,对环境的变化要有敏锐的触觉,要不断发现新情况、研究新问题,用富有前瞻性的眼光审视学生工作实践,用理论研究的最新成果指导学生工作实践。高校学生工作者只有具备了牢固的马克思主义世界观,才能在教学与教育工作中,帮助大学生确立正确的政治方向,从而促进大学生马克思主义世界观的形成。学生工作者只有具有相应的文化水平和专业知识,才能了解大学生的心理特征。一支合格的学生工作者队伍,一方面既要求他们是学生工作的实践家,另一方面又要求他们是学生工作理论的研究专家。只有具备这种综合素质,才能博得学生的敬重和信任,更好地开展工作。其次,要具备牢固的共产主义人生观。高校学生工作者只有具备了牢固的共产主义人生观,才能在教学与教育工作中,始终贯穿对大学生进行以辩证唯物主义和历史唯物主义的立场、观点和方法看待人生的教育。只有树立强烈的社会责任感和为人师表的爱岗敬业精神,才能在教学与教育工作中自觉地把方便让给别人,把困难留给自己,以苦为乐,以苦为荣。要正确地面对竞争,在工作中要增强危机感、紧迫感和责任感,增强主动性、积极性和创造性,增强对荣誉、得失、风险、失败等的承受能力,始终保持清醒的头脑,做到胜不骄、败不馁,使自己的心态经常处于平衡状态。要敢于竞争,善于竞争,同时还要引导大学生树立积极的竞争观,并通过竞争培养大学生的顽强拼搏精神。再次,要具备积极的创新教育观念。高校承担着培养和造就创新人才的重任,要通过创新的机制,保证教育内容、教育方法、教育载体、教育渠道上的创新,努力培养出广受社会欢迎的高素质创新人才。一要重视制度的创新。学生工作者要尽快转变传统角色,用规范的管理和高质量的服务影响学生,构建民主平等的学生关系,确立学生在教育和管理工作中的主体地位,逐步把学校教育管理工作重心向学生主体转移。要将教育、管理和服务功能相统一,强化服务理念,突出服务功能,更加自觉、主动、积极地为学生服务。针对新形势、新问题,研究确定一系列具有时代感,突出针对性、可操作性的新的规章制度,不断提高学生工作的科学化、制度化、规范化水平。二要注重教育内容的创新。学生工作是做人的工作,学生教育工作内容必须随着学生的思想变化而调整。对目前的大学生来说,他们已不再满足于传统的理念和模式,可以借助易被学生接受的具有时代感的文化思想打动学生,但必须坚定不移地坚持弘扬主旋律,实现以科学的理论武装人、以正确的舆论引导人、以高尚的情操塑造人、以优秀的作品鼓舞人。三要不断探索教育方法的创新。要讲究工作方式方法的艺术性,必须树立"以人为本,学生至上"的观念。开展广泛的调查研究,切实解决学生中存在的苗头性、倾向性问题,并以自身的实际行动做良好校风的建设者、维护者。把解决思想认识问题与解决实际问题相结合,充分运用现代化的传播手段,达到应变及时、有效控制思想舆论阵地的目的。增强学生工作的吸引力、影响力、渗透力,及时调整工作角度、转变思维方式,增强学生工作的针对性、实效性。要创造良好的育人环境,营造积极健康向上的校园文化氛围,陶冶学生热爱集体、刻苦学习、团结互助、文明健康的情操,激发其爱国主义和献身社会主义事业的热情。要发挥学生团体和学生骨干的辐射作用,使之成为学生教育管理工作的重要载体。最后,要具备强烈的信息意识。高校学生工作者只有具备了强烈的信息意识，才能学会和善于收集信息和运用现代化的网络技术获取所需信息，根据信息判断、推理、筛选出有价值的信息，再对信息进行检索、分析、利用，从而为学生工作的决策提供依据。学生工作干部在提高自己的同时，要注意培养大学生开发信息、储存信息、处理信息和转化信息的能力。要认识到教学与教育过程就是一个双向信息交流的过程，正确认识和处理这种双向信息交流，并使信息交流渠道通畅，是完成教学、教育、管理任务和提高质量的重要条件。因此必须加大信息应用力度，把学生思想教育工作的领地推向网络前沿，将网络的宣传、教育功能有效地引入思想教育和管理领域。

总之，应从全方位入手，提高学生管理工作者的素质和水平。应健全学生工作者队伍培养机制，定期进行专业培训，给他们创造学习提高的机会，自觉把学生管理创新理念与学生管理工作实践相结合；从人员结构、职称待遇等方面入手，改善队伍结构，提高相关待遇，让学生工作人员把学生管理工作作为自己潜心研究的专业、立志从事的职业和乐于奉献的事业；健全考核、评估、激励、反馈机制，坚持实事求是、公正全面的考核原则，努力激发学生工作者队伍的积极性，增强他们的事业心和责任感。

（二）创新学生管理工作的方法

在全球化的背景下，传统的学生管理方法面临着严峻的挑战。随着学科的建设和发展，学生管理也应当形成自身科学的、实效的方法论。进行方法论的研究和创新已成为学科创新的当务之急。目前我国高校学生管理队伍中普遍存在着工作观念滞后、思路滞后、方法滞后、手段滞后等问题，跟不上时代发展的需要。学生工作人员要善于运用现代管理方法和信息手段，创造适合学生发展规律的、切合学生身心特点的工作方法，使学生工作更富感染力和实效性；要经常深入学生的学习和生活之中，重点关注学生中的特殊群体，使学生工作更富有说服力和艺术性；要深入挖掘和树立青年学生中的先进典型，树立可亲、可信、可学的道德榜样，使学生工作更富有吸引力和生动性；要定期进行学生状况的调查分析，为政策制定和方法研究提供可靠依据和参考资料，及时总结新做法，推广新经验，使学生工作更富有影响力和创新性。

首先，应借鉴相关学科的知识和经验，拓宽学生管理工作的研究视野。在继承党的思想政治工作优良传统的基础上，借鉴和吸收相关学科的研究成果和方法，是拓宽研究视野，深化理论认识，从而不断开创新形势下学生管理工作新局面的途径之一。更值得关注的是目前学生管理研究已不局限于社会科学的借鉴，而开始关注自然科学系统论或生态学视野下的学生管理,尽管这一探索还有待一定时日的实践来检验,但这种理论探索的精神还是值得我们拥有的。其次,应注重以实证研究的方法检验学生管理理论的科学性。传统的学生管理研究方法主要是采用以思辨为基础的理论研究和逻辑研究。广泛地使用实证研究方法是对学生管理研究有益的补充。实证研究就是根据现有的材料进行统计、分析、实验,通过量化的、精确的测试得出结论,其中包括编制调查问卷、量化模型数量分析、矩阵概率数学方法等等,以此客观真实地了解和反映大学生的思想现状与特点,坚持定性与定量方法相结合,真正实现学生管理决策的科学化。最后,应关注国外学生管理的新方法,通过比较研究借鉴其中有益的成分为我所用。学生管理必须与时代主题紧密结合,大胆吸收人类文明中的先进、有益成分。通过了解国外学生管理的历史、现状和发展趋势,比较、鉴别、融合,推动我国学生管理学科的发展。美国学生管理模式具着隐蔽性、渗透性,注重道德实践,注重理论的科学性和可操作性等特点,我们可借鉴其中的合理成分,可以为我们改革和创新学生管理工作提供新的思路和视角。

第二节 高校毕业生就业指导工作创新

一、高校毕业生就业面临严峻形势

当前,我国正处在经济转轨的关键阶段,大学毕业生的就业形势十分严峻,劳动力市场已经出现了"僧多粥少"的尴尬局面,大量毕业生"漂浮"于社会。根据各省人事部门的有关统计,近几年社会对大学毕业生的需求量不断下降,然而大学毕业生人数却不断上升,当前大学毕业生"就业难"已是不争的事实。大学生就业难主要表现在两个方面:就业率低和就业满意度低。一方面,尽管各高校都用尽浑身解数提高就业率,但从总体上来看,就业率连续走低已经是一个不争的事实。另一方面,低就业率下还存在着大学生就业满意度低的现实,主要体现在大学生对薪酬、专业对口率、就业稳定性、就业事业发展预期空间等满意度较低。究其原因,主要是近年来学生就读高校的成本大幅度提高,毕业后就业的回报率却相对降低,并且就业质量提高得比较慢等因素的影响。

(一)大学生就业难的现状

首先,从就业需求角度来看,宏观经济环境的影响和高校规模的快速扩张,造成工作岗位的数量与结构均存在问题。就数量而言，工作岗位的增长缓慢，与大学毕业生的增加形成反差，大学毕业生"就业难"是客观存在的。其次，从供给角度来看，既存在毕业生不愿从事的大量工作岗位，也存在着因毕业生就业能力不足而无法从事的职业。因此，可以说，当前大学生"就业难"还有一个来自学生自身的原因，即是毕业生的就业意愿与就业能力。现在的应届毕业生普遍存在着期望值过高、缺乏实践锻炼、意志力薄弱、动手能力差等弱点，这也成了很多单位不愿意招收应届毕业生的主要原因。最后，从供求匹配角度来看，主要的问题是就业信息不对称，缺乏针对大学生的职业指导体系、缺少专业的职业顾问等。由于大学生就业绝大多数属于初次就业，他们对劳动力市场运行的了解不充分，如果没有职业服务体系来提供就业信息与职业指导，大学生就业的市场显然面临着市场效率的损失。因此毕业生因为不了解某些单位工作的性质，而误解为工作地域不好而不应聘的现象比比皆是。

（二）大学生就业难的现状分析

第一，大学毕业生就业难是高等教育大众化快速发展的必然结果。自1998年高校开始扩招、2001年开始有扩招后的大学生毕业以来，高等教育大众化进程就与大学生就业难联系在一起。一方面，随着高等学校毕业生人数的不断增加，高学历人才的供求关系发生了显著的变化，高校毕业生就业市场转向买方市场，毕业生在传统的大学生就业市场上"供大于求"的现象日益突出。另一方面，热门专业供不应求、长线专业就业困难，应用技术类专业形势较好、基础理论类专业就业困难等现象也表现出来，体现出高等教育设立的专业结构与社会需求的专业结构之间的矛盾。第二，政策方面不合理的限制因素也是高校毕业生就业难的严重障碍。在就业体制越来越市场化的今天，我国原来形成的一整套与计划体制相适应的就业体制日益表现出不合理性，有些政策还成为大学生顺利就业的障碍因素。比如档案管理制度。档案材料是毕业生成长过程的记录，档案材料本来是为了证明毕业生的人生经历、促进毕业生顺利就业、帮助用人单位更好地了解毕业生而存在的，但在高等教育已经实现大众化的今天，档案管理制度在某些情况下反而成了限制毕业生流动、阻碍毕业生顺利就业的因素。尽管人事制度改革催生了许多新的改良方案，如人事代理制度等，但档案仍然是毕业生到基层、中小企业、三资企业就业的限制因素之一。而毕业生选择自主创业或成为自由职业者时，其档案都会成为一把悬在头顶的达摩克利斯之剑，对将来毕业生向档案管理较为严格的部门（如党政机关、国有企事业单位、部队等）流动或继续深造时造成不必要的麻烦。第三，大学生在能力与素质方面的欠缺，也是制约就业的一个重要因素。高校毕业生中存在着相当比例的高分低能、知识面窄、缺乏合作精神、心理素质不够等问题。这不仅是我国的国民教育体系在素质教育方面的不足，也源于大学生对"成才"的理解和实践。当前，社会对技术技能型人才的需求非常强烈，毕业生的动手能力、创新能力、语言应用能力、沟通协调能力、分析能力、学习能力等方面都成为用人单位的考察重点，而心理素质和职业素养也开始受到关注。高校毕业生在具有高学历的同时，具有与之相应的学力、就业力才会受到用人单位的重视。第四，学校就业指导与服务方面存在的问题也是影响就业的因素。高校的就业指导服务能否尽早为大学生指明努力方向，帮助他们为就业竞争做好知识准备、能力准备、心理素质准备，并在大学生毕业前为他们提供充足的就业信息、较为完整的市场形势分析信息、准确的就业政策信息，帮助他们处理就业过程中遇到的心理、政策、程序等方面的问题，这些对大学生能否顺利就业的影响十分巨大。同一地区同类高校间毕业生就业状况的差异，在很大程度上是由学校提供的就业指导与服务的差异造成的。

二、高校就业指导工作的现状

高等院校的就业指导工作对于实现人才培养目标和满足社会需要起着重要的桥梁和纽带作用。然而，由于历史和观念等方面的原因，当前我国高等院校的就业指导工作尚不尽如人意，不但同发达国家相比甚远，就是距离当前我国经济社会发展的客观需要也有较大差距，难以满足青年学生成才和发展的需要。因而客观认识我国高校就业指导工作的地位和作用，剖析当前存在的问题，对于提高和改进高校就业指导工作具有重要意义。

随着我国高等教育招生规模的逐步扩大，社会大众对高等教育的期望将会越来越高，在家庭对高等教育投资不断增大的同时，社会大众普遍关心高等教育能否有合理的投资回报和投资效益。因而接受高等教育培养的大学生能否顺利就业，不仅关系大学生自身的成长和发展，也关系我国高等教育的形象和地位，关系社会大众投资高等教育的积极性，并进而影响我国高等教育"大众化"战略目标能否顺利实现。而就业指导则是实现教育的投入与效益产出之间的桥梁，是实现教育回报的前提条件。随着我国高等教育改革的逐步深入，高校毕业生就业率将成为衡量一个学校办学质量好坏的重要标志。高校毕业生就业的好坏、就业率的高低，不仅直接影响一个学校的招生形势和生源质量，从长远来看，也关系着一个学校的生存与发展，因而高校就业指导工作的重要性日益突出。

高校大学生就业工作是一项系统工程，需要社会、学校、毕业生和家长等多方面的协同配合。目前，我国大学生就业指导工作尚处于起步和探索阶段，在高校招生制度和毕业生就业制度改革的推动下，高校积极开展就业指导讲座、举办校园招聘会等，但总体上就业指导工作还比较薄弱，在学校教育中所占比重偏小，尚未将就业指导工作贯穿于高等教育的全过程。

目前我国大多数高校的就业指导工作主要是围绕当年的毕业生就业工作而展开的，开展就业指导的时间基本上限于毕业生"双选"期间，就业指导的内容也仅停留在对就业形势的一般介绍和就业政策、规定的诠释，由于缺乏对就业指导工作的全局考虑和总体安排，就业指导工作功能单一、内容狭窄，在对大学生就业观念和价值取向的引导、职业判断和选择能力的培养以及职业道德教育等方面着力较少，难以适应当前就业形势的要求。在就业指导的方法和手段上，普遍存在着手段陈旧、方法单一的情况。目前高校就业指导工作较为常见的方法是通过大会"灌输"，即召开"毕业生就业动员会"和"就业形势报告会"，而缺乏针对学生个体特点的专门咨询和有效指导。同时由于缺乏对地方经济发展和人才需求变化趋势的了解，加之高校就业部门尚未实现从"等米下锅"到"找米下锅"的信息搜集方式的转变，因信息来源分散致使就业指导工作缺乏有效性和针对性。许多高校没有就业指导工作的全局考虑和总体安排，开展就业指导的随意性大、内容空洞、方法单一，仅停留在讲解就业政策、分析就业形势、传授择业技巧和收集需求信息等方面，关于学生个性的塑造、潜力的开发、创业创新能力的培养、就业观念和价值取向的引导、职业生涯的规划等方面的内容较少。在就业指导的机构建设和队伍建设方面，存在着就业指导队伍建设薄弱的问题，人员素质有待提高。尽管目前我国大学的组织体制中专门设立了毕业生工作的机构，但这些机构很难代替就业指导的职能。事实上目前高校毕业生工作机构由于忙于应付大量的与就业有关的事务性工作，难以有固定时间和精力来开展有针对性的就业指导工作。就业指导工作是一项专业性很强的工作，从事此项工作的教师需要掌握就业政策、就业指导、职业生涯规划、心理学、教育学、人力资源开发与管理、法律等多方面的知识。目前，大多数高校从事就业指导工作的人员多为党政干部，且多为从事学生工作兼毕业生就业指导工作，全校专职从事就业指导工作的人员一般很少；同时，就业指导人员又缺乏完整的、系统的培训，个人素质和工作能力参差不齐。

三、新时期高校毕业生就业指导工作的探索与创新

（一）加强高校学生管理者队伍尤其是就业指导队伍的建设

1. 充分认识高校大学生就业工作的重要性，成立专门的就业指导服务机构。高

校要认真落实教育部颁发的关于高校就业指导工作的各项规定,充分认识大学生就业工作的重要性,为就业指导工作提供组织保障。各高等院校应成立由学校主要领导,集教育管理和服务职能于一体的、独立的就业指导服务机构,形成一个学校领导重视、主管部门支持、各个院(系)积极配合的就业工作新局面。最终促进毕业生就业指导与服务工作的制度化、规范化、科学化。但是目前许多高校的毕业生就业指导部门都缺乏独立性,一般从属于学生处(部),就业指导工作只是学生工作中的一个方面。因此,建议高校的毕业生就业指导工作应从一般的学生工作中独立出来,成立独立的就业指导中心,这一方面可以突出就业工作的重要性,另一方面也有利于理顺各种关系,促进就业指导工作的顺利开展。

2. 在加强就业指导队伍职业化、专业化建设的同时,应考虑对学生就业指导者在某些方面有所倾斜,使他们能安心工作。加强就业指导队伍建设是做好就业指导工作的关键,拥有高素质的就业指导队伍是开展高水平就业指导工作的人才保障。各高校应该按照教育部的相关规定,配备具有专业水准的就业指导服务人员,提高就业指导教师队伍的整体水平,建设一支具有开拓创新精神、较强的事业心和责任感、高尚的思想品质和职业道德的就业指导队伍。同时,他们还应该掌握与就业指导相关的心理学、教育学、社会学、法律等学科的基本理论与方法,熟知有关大学生就业政策、就业管理业务和就业教育方法,从而真正地为大学生就业服务。为推动就业工作队伍向职业化、专业化方向发展,学校应从多方面努力,制订就业指导队伍的培养和教育规划。通过各种形式对现有的就业指导人员进行培训,为现有就业指导教师的学习、深造提供条件,合理安排他们的工作和进修,使他们通过在职业之余学习、进修或短期脱产学习,或者到有关院校深造,系统地学习有关理论知识和专业知识,从而改进他们在就业指导工作上的不足。还要建立切实可行的管理评价体系,这是加强就业指导队伍专业化、职业化、专家化建设的重要条件。因此,必须在就业指导人员岗位职责范围内,根据就业指导人员自身特点,加强对就业指导人员的管理,对他们履行的职责提出严格的要求。应该研究制定客观、科学的考核评价办法,对不称职的工作人员要及时调离工作岗位。通过规范化、科学化、制度化的考评,实现就业指导队伍的严格管理,建立能进能出、竞争择优、充满活力的聘用机制。与此同时,高校要对从事就业指导教师的长远发展做出统筹安排,对政治素质高、业务能力强、有发展潜力的中青年就业指导教师予以重点培养,条件成熟时,根据工作需要逐步提拔到领导岗位。有些教师可以作为骨干进一步加以培养,继续留在就业指导岗位,也可输送到教学科研工作或行政管理岗位。一般来说,凡在高校就业指导教师岗位上工作满三年者,可以根据工作需要及本人的条件和志向,进行有计划的定向培养,以解除其工作的后顾之忧。

(二)应指导高校毕业生转变就业观念

1. 应指导高校毕业生认清就业的严峻形势,正确把握就业方向。大学生就业从国家包分配走向双向选择以至自主择业,出现这样的就业形势是必然的。但是,我国社会主义市场经济体制还不完善,人才资源使用效率不高,人才资源的配置还不合理,人才信息和人才市场相对闭塞,公开、公平、公正的大学生自主择业就业体制还有待健全和规范,大学毕业生要正确认识到,目前的就业压力是就业体制过渡时期特殊阶段的矛盾冲突,大学生的显性过剩并非人才资源的真正过剩,只是在人才资源配置上还有一些矛盾没有得到解决。随着社会的发展,人才资源的配置将会日趋合理,大学生的就业前景会有所改观。首先,党和国家对大学生就业高度重视。党和国家根据不同的就业形势,每年都制定出台相应的就业政策和措施,为引导、协调、安排大学生就业提供了有力保障。同时,随着社会的迅猛进步,多种经济成分的共同发展,社会对人才的需求量越来越大。非公有制企业、乡镇企业、广大基层和欠发达地区更为大学生提供了施展才华的广阔用武之地。其次,应该看到,大学生就业难并不是大学生的过剩。相反,由于我国人口素质普遍偏低,大学生数量极为有限。目前,我国每万人中大学生的数量还远远低于世界发达国家和大部分发展中国家。再次,大学生就业市场的饱和是一种假象。这种假饱和是人才资源配置与人才需求矛盾调和的特殊表现形式。无论是行政、企事业单位,还是社会其他各部门,在人才资源配置上都要遵循连续、合理、有效的原则。但目前有相当一部分单位存在人员老化、文化素质偏低、办事效率不高的问题;也有一部分单位人员青黄不接,出现断层,合适的人进不来,不合适的人出不去。因此,我们可以说,一部分单位人员的饱和只是一种假象,这种假饱和最终必定会被良性的人才配置关系所替代,低年龄、高素质的大学生在这种配置关系中占据着明显的优势。

2. 指导高校毕业生解放思想,转变就业观念

大学生就业由计划走向市场,有一个渐进性、阶段性的演变过程。就业制度的变化需要大学生主动适应,放开眼界,转变观念,勇敢应对社会的选择。一要改变一次就业的观念。随着社会对人才要求的变化,人才资源总是在不断的交换和流动中得到优化配置。用人制度的改革和人才市场的建立,必将使失业和就业成为今后大学生一生中经常遇到的事情。因此,每个大学生在一生中,都要有多次就业的思想准备。二要改变一步到位的观念。大学毕业生择业不可能一步就能找到合适的单位,

即使是找到了合适的单位,也不见得就能找到合适的岗位。所以要树立就业逐步到位的观念,不断努力,积极上进,在反复的工作经历和多次的工作更替中,充分施展自己的才华,实现自己的人生抱负。三要看淡单位的所有制性质。从目前我国的就业环境来看,国有单位并不是唯一的就业渠道,多种所有制经济共同发展为大学生择业提供了广阔的天地。私营企业、民营企业、合资企业进一步发展,其灵活的用人机制将会吸纳更多的毕业生就业。四要改变对户口、档案看得过重的观念。随着我国市场经济的发展,一次就业定终身的用人办法将会被彻底改变,合同用工、招聘将会成为大学生就业的方向,劳动力市场的开放和人才流动也将为就业提供新机遇,过于看重档案、户口就等于限制了自己的就业范围,减少了施展才华的机会。五要抛弃职业等级观念和"官本位"思想。比如学机械专业的学生不愿意去机械行业,学地质专业的学生不愿意从事勘探工作,师范专业的学生不乐意奉献讲台,工科专业毕业生不愿进企业等。在市场经济下,没有不体面的职业,只要用心去干,干出成绩,就会得到社会的承认和肯定。有的毕业生认为只有留在大城市、进机关才算学业有成。大城市固然是施展才华的舞台,而基层、农村、边远地区同样是孕育成功的沃土。

新的历史时期呼唤创业型人才的培养。高校作为社会发展的新生力量,必须与时俱进,更新观念,在世界经济和社会发展的大背景下理解创业型人才培养的深刻含义,把培养大批高素质的、创业型的人才作为重要任务来抓。只有这样,才能抢占人才培养的制高点,才能使中国特色的社会主义事业在更高层次和更广的领域直接面对全球技术、信息和资本市场的竞争。

3. 开展创新创业教育

(1) 开展创业教育的意义

知识经济时代,高科技产业的发展状况是一个国家国际竞争力的主要决定因素,这就要求高校应把培养具有创业意识、创业心理、创业能力的创业型人才放在首位,从科教兴国的战略高度来认识创业教育的重要性。因为从现实来看,经济的发展对传统工作岗位已造成冲击,未来工作岗位将越来越脱离传统的模式和要求,更多潜在的或前人未涉足的新型岗位会不断涌现,而未来的新型岗位必须由具有创业意识和创业能力的人才来开拓。在知识经济条件下,一方面,大量新知识的产生和应用、科学技术的飞速发展,催生了大批的新兴产业,提供了大量的创业机会,呼唤着新时代的创业英雄;另一方面,大量的科技成果需要转化为生产力,也需要大批的创业人才。但从我国的情况来看,根据国家科技部提供的资料,目前全国5100多家科研院所,每年完成的科研成果近3万项,其中能够转化并批量生产的仅有20%左右,形成产业规划的仅5%。产生这一问题的原因是多方面的,其中缺乏创业意识、创业技能是主要的制约因素之一。要解决这一问题,就要适应时代的要求,大力开展创业教育,充分挖掘大学生的创业潜能,培养大学生勤奋进取、开拓创新的个性,使大学生由知识的拥有者变为社会价值的创造者。另外,创业对经济发展的促进作用主要是通过其技术创新等实现的。我国当前和今后一个较长时期内将面对巨大的就业压力,完全依靠政府和现有的企业将难以解决就业问题,唯一的出路就是大力倡导以创业型就业为主导的多种就业形式,并创造适宜的创业环境。学生就业困难表面上看是社会经济发展需求和产业结构不合理造成的,而实际上反映了学校教育内部的问题,高校需要在教育思想、教育方法和人才培养模式方面进行改革,提高学生创业能力、择业能力、适应能力。在计划经济时期,社会的就业岗位是一个常数,招多少人和用多少人都按计划分配。但在知识经济时代,社会的就业岗位是一个变数,只要通过开发,就会出现社会需要的新岗位,就会扩大就业人数。但是开发就业岗位靠谁来完成呢?除了靠经济发展和社会需求外,归根结底还要靠具有创业能力的人才的努力。所以说,开展创新创业教育具有带动社会整体发展的作用。

在知识经济时代,知识信息的创造、加工、处理、传播与应用将成为经济增长的最重要的源泉。集教学、科研和社会服务三项基本功能于一身的高校要适应时代发展的要求,发挥经济发展动力源的作用,就要提倡创新、创业精神,其不再仅是产生理论家、思想家的摇篮,更要培养出具有现代经营理念的优秀创业型人才。我国高等教育当前正处于从"精英阶段"向"大众化阶段"过渡的重要历史时期。这不仅仅是大学门槛的简单降低,而应该是培养目标、培养模式、教学内容、教学方法等一系列教育理念的转变。随着高等教育由培养精英向大众化的转折,高等教育的重心要分层次地下移,有些学校重心可以下移到社区、下移到农村,使大部分毕业生从象牙塔中走出来,成为求真务实的劳动者。同时要培养学生的创新精神和创业意识、提高学生的创业能力,使学生不满足于"打工"而要做"老板",从"求职者"转变为"创业者——企业家"。如果大学生只会等待就业机会的来临,而不去积极地开拓事业,将会造成智力资源的损失,会延缓高等教育大众化的进程。因为高校为社会输送的大量毕业生如不能顺利就业,那么就会制约高等教育的发展,阻碍我国高等教育由精英教育向大众化教育阶段迈进的步伐。就业教育与创业教育是两种不同的培养模式,也是两种不同的教育观。创业教育就是要改变就业教育的思维模式,使高校毕业生不仅是求职者,而且是岗位的创造者。这种以创造性就业和创造新的就业岗位为目的的创业教育,是实现我国高等教育大众化的必然选择。

当前我国的就业形势呈现出虚假的饱和状态：热门行业、沿海地区人满为患，而不景气的行业、边远地区又难以引进和留住有用之才。很多高校平时不注意培养学生的创业意识，仅在学生毕业前开展一些就业指导，并不能使学生转变就业靠政府、靠学校、靠他人的被动思想。必须从入学时就培养学生的创业精神，加强对学生的创业教育，变学生被动接受就业指导为教会学生自主创业、自我发展，变被动的就业观念为主动的创业观念，鼓励学生敢于创业，支持学生自我就业。值得注意的是，创业是一项综合技能的展示，需要一个人具有很强的运用和驾驭知识的能力，要将知识转化为生产力，大学生还必须努力学习，通过综合的技能培训，进行系统的创业训练，掌握娴熟的操作技能，这样才能真正适应社会发展的需求。

（2）大学生创业的未来趋势与对策思考

尽管就目前的状况而言，我国的大学生创业机制还不完善，还存在着诸多问题，但随着时间的推移，大学生自主创业必定会越来越普遍。外部环境也会越来越好，同时随着政府支持和社会关心的进一步增强，大学生自主创业的观念也必定越来越科学，行动也将越来越理性，创业成功的机会也会越来越大。正如哲人们所说的，"这里本来没有路，走的人多了，就成了路"。大学生创业势必将从现在的羊肠小路，转变为一条康庄大道。

1）大学生创业是时代的要求

严峻的就业形势要求更多的大学生选择创业之路。就业难，这是近年来无论是社会上还是在校大学生说得最多的一句话。昔日迈进"象牙塔"的"骄子"，如今变成了四处求职的"焦子"。二十一世纪主要的失业者将是大学生，这个预言将很快变成现实。在这种就业越来越难的背景下，自主创业已经成为大学生新的选择，已逐步成为市场洪流中一股新的力量，是潮流，是不可阻挡的一种趋势。创业不但是一种就业，而且可以为他人创造就业岗位。第二届国际职业教育大会就明确指出，"就世界范围而言，二十一世纪有50%的中专生和大学生要走自主创业之路"。不远的将来，大学生自主创业将形成气候。

大学生自主创业迎合了产业发展转向"知识经济"的趋势。随着知识经济在中国的逐渐形成，经济增长对人才的需求也渐渐由过去的简单型转为复合型，由知识型转向技能型。高科技产业、第三产业和民营经济将是人才需求的增长点。但从全国经济发展的产业结构来看，包括研究与发展、教育、信息及高技术产业在内的知识产业在国民经济中的发展水平即知识产业发展仍然很低。我国知识产业发展水平只相当于美国二十世纪50年代的水平。鼓励大学生自主创业，可以打破大学生委尊屈就的人才高消费现象,使有可能从事知识、技术产业的从业人员比例大大增加,刺激知识产业发展攀升,从而使高层次人才资源发挥较高的使用价值。因此,大学生自主创业既是社会发展的必需,也将成为越来越多的大学毕业生的选择,大学生自主创业者的队伍也必将越来越大。

2)大学生创业必将进一步得到政府的支持和社会的关心

近几年来,政府加大了扶持大学生自主创业的工作力度,特别是2002年以来,连续出台了一系列的优惠政策,2014年至2017年,在全国范围内实施"大学生创业引领计划",通过加强创业教育培训、落实创业扶持政策、强化创业公共服务,引导和帮扶更多高校毕业生自主创业,逐步提高高校毕业生创业比例。国家工商总局规定,大学生创业,一年内免交5种行政费用。各级地方政府也都推出了相应的政策鼓励大学生创业,并为大学生自主创业做了不少实事。如有的地方政府由财政出钱,为大学生进行免费的创业培训,对大学生的创业行动进行专项指导;同时,各地高校也举办了阶段性、局部性的创业大赛,还有计划地导入创业教育,对大学生的自主创业进行科学的指导,使大学生自主创业形成规模,形成气候。如北京大学创立了集融资服务、营销服务与管理服务于一体的创业模式,有效地促进了大学生创业。复旦大学在设立"创业学"课程的基础上,成立了创业中心,对促进大学生进行创业发挥了积极的作用。中山大学通过举办创业大赛方式,为大学生创业大赛优胜者提供场地的支持。其他高校也分别出台了相关优惠措施,有力地支持大学生创业,在缓解大学生就业压力的同时,有效地提高了科技创新水平。在得到政府政策支持、资金扶助、培训指导的同时,社会各界也越来越关注大学生自主创业。大学生的家庭也越来越理解大学生自主创业,因为在绝大部分家长的传统观念中,孩子从小学读到大学,最关键的问题是找一个工资高、地位稳定的职业。而事实是这个社会现有的岗位是有限的,与其让自己的孩子与几个甚至几十个人争一个岗位,还不如支持他自主创业。自主创业既可以为他人创造就业机会,运作较好的话,还可以为自己带来财富,对社会、对自己、对家庭都是非常有利的。

3)大学生自主创业将会更加理性

自主创业不仅是大学生成才的重要模式,更是大学生就业的重要途径。当越来越多的人认识到这一点时,大学生自主创业已经成为非常普遍的现象了,大学生的创业行动也必定更加理性。

创业之初,一些学生心中总想着比尔·盖茨,想着高科技,想着一夜暴富,这是很不现实的,也是很不理性的。这些人在选择创业方向时容易走入误区,不屑于从事服务业或技术含量低的行业,醉心于挖掘第一桶金的美梦。随着创业教育的普及和深入,学生在创业方向的选择上必定会把重心下移,不是只盯着大商机、高科技,而是会从实际出发,从第三产业和科技含量低的行业练兵开始在经营过程中也会更加理性。有的大学生在创业方向确定后,就匆匆忙忙开始经营,既没有目的性又没有发展规划,创业活动有着很大的随意性,这是行不通的。应该认真进行市场调查,在此基础上制订切实可行的计划,并且在企业人力资源、资金等方面科学管理,减少随意性。

近年来,大学毕业生直接创业的人数与比例均非常低。清华大学创业中心的一项调查报告显示,我国大学生创业比例不到毕业生总数的1%,而发达国家一般占20%~30%。大学生创业者属于知识分子人群,经过国家多年的教育培养,背负着社会的种种期望。面对大学生创业路上的种种困境,我们认为可以从以下几个方面入手:

(1)重视大学生创业素质的培养,注重在思想上和精神上锤炼自己,勇于创业

大学生要想成功走上创业之路,必须按照创业者素质的培养规律,重视创业素质的自我培养,注重培养自己的能力,锻炼自己的胆子。同时培养自己的创业人格、创业思维和创业意识与技能,克服中国传统教育模式下培养出的积累型、继承型,掌握的知识多运用的知识少,胆子小,生存能力差的局限性;要克服万事俱备再去创业或者自己具备全部创业条件再去创业的错误观念。如果那样,没有人能创业,因为不可能有一个具备创业者全部特质的人。创业者素质的培养是有规律的,其成长也是有过程的,从实践中汲取经验和教训是创业者成长的捷径,要树立自信、自强、自主、自立的意识。自信赋予人主动积极的人生态度和进取精神,相信自己能够成为创业的成功者,尤其在遇到失败和挫折时更需要自信。自强就是在自信的基础上,通过企业的实践,不断增长自己各方面的能力,一步步磨炼自己的意志,自主就是具有独立的人格,具有独立思维能力,不受传统和世俗偏见的束缚,不受舆论和环境的影响,能自己选择自己的道路,善于设计和规划自己的未来,并采取相应的行动,凭借自己的努力和奋斗,建立起自己生活和事业的基础。

(2)加强大学生创业教育,培养其创业能力

大学生获得的最关键的创业知识来自所在学校,高等院校创业教育是针对创业学生所开展的系统的创业知识传授,通过创业教育来提高大学生的创业意识,培养大学生的创业能力和创业精神,使大学生能够在走向社会之后,顺利实现自主创业,解决就业问题。首先,在教育体制方面,应该开展大力宣传,转变高校教师和学生

的就业观念，让教师和学生都能认识到自主创业的意义。高校创业教育要重视培养学生的创新能力、社会适应性以及冒险精神和处理不确定性风险的能力。其次，应将创业教育纳入高等院校教育必修课程体系之中，逐渐改变我国高等教育人才培养模式，通过加强高校创业教育的课程体系建设和创业理论研究来优化创业教育的效果，通过创业模拟训练、案例分析以及参观调查实习和专题讲座等方式，加强高校的创业教育。最后，要不断地提升高校创业教育师资队伍素质。高校创业教育中创业教师队伍是其中的关键力量，高等院校要逐渐建立起一支成熟的经验丰富的创业教师队伍。

（3）为大学生创业营造良好的社会环境

从前面的分析中可以看出，高校学生在逐步获取自身创业条件之后，要想成功开展创业行为，还需要良好的外界创业环境。首先，社会应从行动上及相关的物质上给予大学生支持。通过各方面的支持可以使创业的学生胆子更大些，行动更勇敢些。其次，在生活中应给予更多的宽容与关心，当创业大学生遇到挫折与失败时，应予以更多的关注与宽容，帮助他们分析原因、总结经验，使他们能更加坚韧地去面对这一切，振作精神重新踏上创业的道路。最后，应该给予创业学生更多的政策支持，这样可以使他们能有更加宽松的环境，更加自由地挖掘自己的潜能，这在一定程度上能极大地激发大学生的创业精神与创业欲望。政府管理部门应该看到学生创业所带来的好处及其未来的趋势，通过相关法律法规的出台来支持学生的创业活动，并提供相关的创业平台，促进大学生创业行为的开展，提升创业成功的可能性。

（4）通过在校创业实践，培育大学生的创新精神

首先，实践环节能使创业学生在校期间积累创业经验，是培养创业能力的有效途径，所以大学生在校期间要积极参与创业实践活动，如大学生创业大赛。其次，创业学生还可通过参与社团组织活动、创业见习、职业见习、兼职打工、求职体验、市场和社会调查等活动来接触社会、了解市场，提高自己的综合素质。再次，高校创业学生平时可多与有创业经验的亲朋好友交流，甚至还可通过电子邮件和电话拜访自己崇拜的商界人士，或向一些专业机构咨询，这些人的经验往往比从书本上学的知识更有用。通过这种人际交往途径获得的最直接的创业技巧与经验，将使创业学生在创业过程中受益匪浅。最后，大学生投身于真正的创业实践，在真刀真枪的创业实践中提高自己的创业能力。这些活动成为创业学生步入社会大课堂的第一步，同时创业学生在参与实践的过程中，既为他们将来开展创业活动积累了经验，也提升了他们分析问题和解决问题的能力、组织协调能力、管理能力、应变能力、语言表达能力等，

有利于增强创业学生的创业意识和创业热情,为他们提供面对各种困难的心理准备,促进创业的成功。

(5)必须为大学生创业提供足够的政策和资金支持

政府应对现有的政策进行调整,形成合理的、有力度的大学生创业优惠政策。要尽量减少限制性条件,对大学生创业不能纯粹从解决就业的角度去看,而应该从为社会创造财富、为更多的人创造就业岗位的方面去认识。因此,创业政策应该尽量减少限制、降低门槛、简化程序、方便快捷、搞好服务,用良好的创业政策催生富有发展前景的大学生创业,培育富有传奇色彩的大学生创业英雄。在资金方面,现实中最有可能为大学生提供资金支持的是政府、银行和企业。政府除了财政拨款以外,还要鼓励和引导银行等金融机构拓宽担保平台和融资平台,降低大学生创业贷款的门槛。银行可以按照有利于创业者和方便创业者的原则,对项目好、能力强、潜力大的创业者在融资担保方面进一步放宽条件。另外,社会募集也是一个有广泛拓展空间的渠道,由公司出资设立创业基金也是一个不错的选择。

大学生创业是一个复杂而艰难的过程,需要得到社会各界人士的重视和帮助。首先,大学生要不断提高自身的综合素质,在校期间应该加强文化知识、思想道德等各方面的学习和积累,为后期创业及工作做铺垫。其次,大学生创业需要得到高校的重视,在教学过程中应该适当增加关于大学生创业的课程,高校可以适当为大学生提供一个展现自己的舞台,如开办大学生创业设计竞赛活动。最后,需要建立健全和谐的社会环境,为大学生创业提供良好的人文和社会环境,政府和社会应该重视、鼓励、支持大学生创业。大学生创业不仅缓解了社会就业难的压力,也为大学生提供了一个展现当代大学生综合素质的舞台,其发展应符合我国经济社会发展的实际,理应得到重视和鼓励。

(三)建立和完善高校大学生职业生涯规划教育

在市场经济条件下,职业生涯规划可以说是大学生必需的。绝大多数人从就业准备、职业变换直到职业定位结束,都应该接受各种形式的职业培训和指导。人的价值的实现,主要体现于职业生涯之中。离开职业谈事业,纯属空谈。国外的许多大学十分重视学生的职业规划,注重对学生进行心理、个性、能力等方面的测评,学校的就业工作部门参照测试结果对学生进行指导,有的学校还设有择业指导专业,甚至还建立了学科硕士点和博士点。在德国,大学生就业指导工作贯穿在对学生的职业定位和人生规划之中,以提高学生的生存能力和基本素质为根本目标。从入学前的招生咨询开始,学校就指导学生根据自己的特长、兴趣、爱好以及自身素质来选择学校和专业；在学生入学后，帮助学生进行职业规划的设计和辅导；同时，注重学生就业前实用职业能力的培训和综合素质的培训。遗憾的是，以职业规划为主要内容的就业指导在我国并未得到充分的尊重和开掘，即使是受过高等教育的人，在大学期间也缺乏必要的科学系统的就业指导，并没有人告诉你，就业对于一个人究竟意味着什么，升学与求职相对分离。学生报考大学选择专业时，并没有清晰的就业目标，很多学生毕业时仍然不知道自己愿意干什么和能干什么。如何选择职业，如何找准自己的职业定位，如何成就一番事业，这是每一位求职者必须思考和面对的问题。在选择面前每个人都需要帮助，职业规划的意义就在于此。

在我国现有的文化背景和氛围下，要顺利地开展职业生涯规划教育，政府和高校必须高度重视职业生涯规划教育，加强对职业生涯规划教育的舆论宣传。政府的首要工作是要把职业生涯规划教育及其工作的开展用法的形式规定下来，形成政策或法规，使职业生涯规划教育有法可依；其次是鼓励民间机构创办职业生涯规划教育和培训机构，弥补目前高校职业生涯规划教育机构的不足；最后是利用官方媒体加大对职业生涯规划教育的宣传力度。而各高校要把职业生涯规划教育作为学校的一件大事来抓，做好职业生涯规划机构的完善、课程的开设和咨询等与职业生涯规划相关的工作；通过校园网、校报、广播站、举办职业生涯规划讲座、职业生涯规划知识竞赛等方式或活动宣传职业规划的内涵、意义和作用，借助"第二课堂"，利用寒暑假开展职业生涯规划实践，丰富大学生职业生涯规划的经历。

职业生涯规划应贯穿在大学教育各个阶段。大一主要是要使学生加深对本专业的培养目标和就业方向的认识，增强大学生学习专业的自觉性，培养学生的专业学习目标并让学生初步了解将来所从事的职业，为将来制定的职业目标打下基础。由于用人单位对毕业生的需求，一般首先选择的是大学生某专业方面的特长，大学生迈入社会后的贡献，主要靠运用所学的专业知识来实现。因此，大学生对所学的专业知识要精深、广博，除了要掌握宽厚的基础知识和精深的专业知识外，还要拓宽专业知识面，掌握或了解与本专业相关、相近的若干专业知识和技术。大二主要是让大学生了解应具备的各种素质，鼓励学生通过参加各项活动锻炼自己的各种能力，如鼓励学生参加兼职工作、社会实践活动，并要求具有持续性和长期性，最好能在课余时间长时间从事与自己未来职业或本专业有关的工作，如教育专业的学生去做做家教，提高自己的责任感、主动性和受挫能力，增强英语口语能力和计算机应用能力，通过英语和计算机的相关证书考试，并开始有选择地辅修其他专业的知识充实自己；同时检验自己的知识技能，并要根据个人兴趣与能力修订个人的职业生涯规划设计。大三主要指导学生开始把目标锁定在提高求职技能上，培养学生独立创业能力。如可以通过大学生素质拓展活动来锻炼学生独立解决问题的能力和创造性；鼓励参加和专业有关的暑期实践工作；加强和已毕业校友的联系，交流求职工作心得体会，学习写简历、求职信，了解搜集工作信息的渠道等。大四主要是指导学生对前三年的准备做一个总结：首先，检验已确立的职业目标是否明确，前三年的准备是否已充分；其次，有针对性地进行专项指导，除了常规的就业指导课外，学校还可以聘请人力资源方面的专业人士为学生介绍各行业人才的要求，让学生接受择业技巧培训、参加招聘活动，在实践中校验自己的积累和准备等。最后，指导学生充分利用学校提供的条件，了解就业指导中心提供的用人公司资料信息、强化求职技巧、进行模拟面试等训练，尽可能地让学生在做出较为充分准备的情况下进行实战演练。

要指导大学生进行职业生涯规划，必须进一步完善大学生职业生涯规划服务机构。首先，是成立一批"第三者"非营利性职业生涯规划服务机构。我们可以通过政府提供优惠政策，扶持社会力量建立一批"第三者"非营利性职业生涯规划服务机构，以满足目前对大学生进行职业生涯规划教育的需要。第一，可以依靠社会自身的力量，开展职业生涯规划教师培训和对学生进行必要的职业生涯规划教育；第二，通过政府的资助开发职业生涯规划系统测评工具；第三，可以通过提供职业信息服务、开展职业咨询服务、进行就业市场指导等活动，为大学生职业生涯规划提供指导。其次，是要完善高校就业指导中心的内部职能机构。要指导大学生进行职业生涯规划，关键是要培养一批懂专业、高素质的职业生涯规划教师，一个专业的职业生涯规划教师接受培训后，应该具备以下专业素质：在职业生涯规划教育、指导方面具有较广博的职业生涯规划知识和较开阔的视野以及一定的实战经验；具有良好的知识运用能力，主要表现在学习能力和工作能力两方面，学习能力体现在能够运用所学知识进行分析总结的能力；工作能力主要是，体现在能够创新，能够在工作过程中不断地研究职业生涯规划的相关理论，提出新的可行性的规划方案；良好的心理素质，主要表现在具有充分的自信心、控制情绪的管理技巧、人际交往中的人格魅力以及应对压力的能力。

要指导大学生进行职业生涯规划，必须加快职业生涯规划教育课程建设。职业生涯规划教育的课程设置要体现前瞻性、确定性、开放性、针对性、实用性、实践性的特点，高校可以依托自身学科门类齐全的优势，设置包括职业生涯规划理论的大学科课程、实践活动课程、模拟实战课程、文化素质课程等教育课程。高校还可以尝试和企业联合开发职业生涯规划教育课程，更新创业教育的内容。一方面，可以使企业最新的成果、经验教训、管理理念进入教科书,使学生获得最前沿、最实用的职业生涯规划方面的知识;另一方面,通过与企业开发课程,职业生涯规划教育的教师也可以得到训练,进而促进教师的成长。

第三节　高校大学生心理健康教育工作创新

高校对大学生心理健康教育的不重视普遍存在。理念模糊、理论基础弱、工作方法单一、目标偏离等问题,使得心理健康教育模式的功能不能充分地发挥。创新高校心理健康教育工作模式有利于加强大学生心理健康教育以及对这一重要课题进行深入研究。本文将对高校大学生心理健康教育工作模式创新的理论基础、原则以及实现创新的途径进行分析研究。

一、高校心理健康教育模式的含义

模式是一种通过理性和简化的形式来对现实进行概括,主要阐释的是事件或者事件过程间的相互之间的关系,这一词首先来源于科学方法论中。相对滞后的精神文明之间产生了一定的矛盾,这对于社会而言都是一种极大的危害,因此在这种矛盾的环境下,对大学生的发展也造成了极大的影响,在这种矛盾的环境下,大学生的心理问题也会逐渐地显露出来,从而影响大学生的心理成长。近几年,大学生的心理问题逐渐的突出,并且患有心理问题的大学生数量逐渐增多。面对这种情况,高校在教育的过程中,必须要重视大学生的心理教育问题,保证大学生树立正确的心理观念。但是一些高校对于大学生的心理教育并不重视,因此高校需要不断地改进教育过程中存在的问题,全面、高效地建立正确的教育方式。而目前高校的心理健康教育模式则是将心理健康教育思想作为整个模式的指导思想,在实施高校心理健康教育实践的过程中形成的一种具有可操作性的工作模式,它具有理论性和实践性两种特性,是实践和理论之间的桥梁。高校心理健康教育模式的形成标志着高校心理健康教育从无序化到有序化,从经验化到科学化的转变。

二、目前高校心理健康教育存在的弊端

（一）理论研究尚且薄弱

我国的心理健康教育从上世纪80年代才逐渐发展起来,经过这几十年的发展,已经形成了很多模式,如思政教育模式、心理学模式、医学模式等,虽然这些模式在

各自的实践领域中都取得了很大的成效，但是模式的系统性还不够，相应的仍存在很多弊端。还有一个方面就是，虽然整合思想在我国已经逐步发展，但是大部分高校的心理健康教育工作者都是根据经验来建立和工作环境相关的心理健康教育的模式，这种进凭经验而没有理论支持的心理健康教育模式是不值得推广的，是经不起市场的推敲和考验的。但是在社会的大环境下，一些高校的思想教育工作并不完善，往往会受到框架的影响，因此理论性过强，但是实践性较差，仅仅使用理论性的教育对大学生心理问题的改善并无帮助，并且我国的一些理论知识也并不强，所以这也是高校心理健康教育存在的弊端之一。

（二）心理健康教育的目标偏离

许多高校设立心理健康教育是对学生产生心理问题而引发的危机事件进行补救，这是种病态心理学的立场，即关注的学生只是那些存有心理问题的学生；甚至有的高校将心理健康教育和思政教育混淆，对学生的心理健康教育就是要求学生进行思想品德的学习，和心理健康教育的最终目的大相径庭，完全偏离了心理健康教育要提高学生心理品质、塑造完美人格的目的，培养德智体美劳的合格社会建设者的目标要求。在这种要求下，一些大学生的心理教育就会与思想政治教育相混淆，所以这就会逐渐地影响大学生的心理教育，也会间接地影响高校大学生心理教育的发展，这是不利的，所以心理健康教育的目标偏离是错误的，也是目前存在的主要问题之一。

（三）整合的概念模糊

整合是心理健康教育发展的大势所趋。由于社会环境和人的心理机制都是复杂的，因此，心理健康教育的工作也是十分复杂的。要想在该方面取得较好的成绩，就要将所有的研究综合利用起来，整合各研究成果。虽然目前我国各高校已经有了整合的意识，也将各要素整合起来了，但是对于整合概念的理解还是不够深刻，仍具有模糊性，在整合要素方面不同，相互之间的标准也没有明确性，整合的内容和方法老套，创新性不够。

（四）工作方式古板单一

心理健康教育的工作是十分复杂的，因此工作的方法也应该是多种多样，从各方位入手。但是目前我国各高校心理健康教育的工作方式仍框在一个框架里，仅通过心理辅导和心理咨询来对受教者是远远不够的，这就形成了心理教育是心理教育，学生的素质教育是素质教育，各自发展的局面，没有将二者融合在一起，也没有和学生其他的生活空间接触，使得心理健康教育的普及不能够迅速的传播开来，工作的手段缺乏创新。心理健康教育的方法并不是单一的，但是大多数的高校心理教育方面所使用的方式过于单一，因此单一的教育方式并不会有利于区分不同的心理健康教育，因此高校在心理健康教育方面的方法过于单一的话，并不利于复杂的心理问题解决。

三、对高校心理健康教育进行模式创新

（一）创新高校心理健康教育的理论基础

上个世纪兴起的人本主义心理学主张将人性放在第一位，反对机械的行为主义心理学模式，对人性采取乐观的视角，开发人的潜能。受这种思想的影响，高校的心理健康教育应将来访者的个体经验作为研究的出发点，通过真诚的态度和来访者之间建立起共鸣。到了上个世纪的90年代，该理论则要采取多元共存的非理性思维，摒弃原来的二元思想，确立教学目标，主张师生之间关系平等，要求给予学生充分的尊重，再就是积极心理学的兴起也为心理健康教育注入了新的源泉，更多的是对大学生性格和潜在能力的培养，展现大学生自己的风采。

（二）创新的基本原则

全方位：心理健康教育模式的创新要从多个面出发。一是要综合和自身相关的各要素；二是和其他高校的教育系统紧密联系，达到优势互补的目的。

以学生为原则：新的心理健康教育模式要把学生放在主导地位，充分发挥学生的主体积极性，重视学生的发言和创新理念，师生平等交流，共同进步。

可持续发展原则：要坚持可持续发展原则，发展的看待学生，把提高学生的认知能力，思想品质，塑造学生完美人格作为工作任务，促进学生平稳健康发展。

（三）对立体化、多元化的教育模式的探索

在对心理健康教育新教育方式的探索过程中，可以通过多种多样的途径使心理健康教育融入学生的生活中来。第一，对不同年级的学生开展相应年级的主题讲座。例如，大一新生初入校园，通过心理适应和职业生涯规划的讲座来减轻大一新生的迷茫感；对大二、大三的学生则需要开设人际交往、爱情、自我成就等方面的提高自我认识的心理课程；大四的学生面临着考研、毕业后就业等问题，考研和就业带来的压力则需要相应的心理课程来缓解。第二，对心理健康教育进行宣传，通过社交软件发送推文、宣传栏、校园报纸、校园广播等多种方式都可以进行心理健康知识的普

及。第三，鼓励学生组织社团活动，通过排演心理剧，进行朋辈心理辅导比赛等潜移默化地让学生学习心理健康知识。

（四）使用多种渠道共同推进发展

第一，提高师资水平，通过培养教师来为学生起到良好的带头作用。第二，重视课题的研究，一个课题可以同时使用多种心理工具，重视可以的研究也可以推进相关心理工作的发展。第三，构建家、校、社会"三位一体"的环境，从而对心理健康教育进行普及宣传，促进各系统之间的交流，实现优势互补。

四、新时代创新高校心理健康教育的有效策略

（一）科学设置教育课程，提升教育队伍素质

现如今高校对心理健康教育认识不足，创新心理健康教育工作模式，应要先准确认识心理健康，更新传统的教育理念，创新咨询方式和拓展咨询渠道，全面性、系统性地布置心理教育计划，就大学生心理发展和心理教育，展现出心理健康教育的预防性功能。因此，要改变传统的心理健康教育方式，首先要构建科学性的教育课程体系，独立开设心理健康教育课程，针对心理健康教育制定改革策略，提高心理健康教育的地位，以其为公共基础课程增加相应的学时，教育内容以学生实际生活为主，以实践性和理论性课程相互组合作为基本的课程结构，侧重于提升学生实践能力，为学生提供系统性和连贯性的心理教育课程，配合思政以及辅导员的工作，确保教育课程体系能融入高校基本教育系统中，提高课程教学的实效性。

课程改进需要高校师资队伍的配合，构建科学性教育课程体系后，还需要加强高校师资队伍建设，不断引进专业性的心理健康教育教师，组建高水平的教师团队，以专职教师为主，配合以往的兼职和多方兼任教师，构建双师型教师队伍，联合相关心理专家，彻底落实各项心理健康教育工作，确保心理健康教育能够融入学生生活学习中。心理健康教育工作能从上到下，建立起多级干预系统，专业教师、辅导员和学生班干部等，实现不同层次的互动交流，从而构建多元化、多层级的心理健康教育工作模式。

教师队伍素养提升中应该以问题导向为主，针对大学生心理问题开展教师岗前和在职培训，基于家庭、学校教育社会的影响，提高教师的专业素养。由于多数教师缺乏心理教育经验，所以高校要为教师提供学习交流的机会，通过对外交流和高校互相学习，不断提升教师的心理教育能力，然后设置专门的心理调节和咨询机构，依据学生心理变化做好疏导工作，以协助大学生解决心理健康问题。

（二）整合高校心理健康教育模式，创新心理健康教育方式

目前高校心理健康教育工作模式过于简单，高校要正确认识心理健康教育整合概念，推动高校心理健康教育工作模式整合，合理、充分地利用高校资源、互联网资源和信息资源等，为学生提供多元化的心理健康教育环境，便于学生依据自身存在的心理问题，寻找和学习相应的资料，自我提升自身的心理素质，让学生可以掌握各种心理障碍疏导方式，从而做到心理健康问题的事前预防，而不是单纯地进行事后补救，在创新工作模式的同时，保证大学生全面发展。所以，心理健康教育工作模式在整合中，要针对大学生存在的心理问题，摒除传统灌输式教育，建立科学的大学生心理教育管理体系，针对教师教学、学生沟通和心理教育环境等影响因素，展开管理和协调，以提高大学生心理健康教育的实效性。

心理健康教育模式创新中，可先整合不同的工作模式，融合多种不同的教育理论，以人为本、立德树人等教育理论，将心理健康教育整合成具备心理咨询、心理教育和心理测量等多种功能的教育模式，依据相应功能开设系统性教育课程，普及相应的心理知识和心理咨询，从而及时发现学生存在的潜在心理问题，引导学生正确、正向发展。然后，应创新教育方式、拓展教育渠道，采用多种教育形式将心理健康教育融入学生的学习与生活中。第一，通过主题讲座、互联网调查、微博话题、微信公众号等方式，依据学生的不同情况开展多种调查和辅导工作。第二，针对性展开教育活动。对大一新生可在校园中举办多种教育活动，旨在提高大学生的心理适应能力，针对大学生活做好职规划，对大二大三的学习则是要清除其心理障碍，为学生指明方向，以预防心理障碍出现，实现学生健康发展，对大四学生应该实时多种宣传，利用微博、微信以及校园网站等渠道，普及知识。第三，实现家校社多方互动，及时解决学生面临的心理问题，通过三方协调配合，保证大学生健康发展。

要创新高校大学生心理健康教育，需要在高等教育深化改革背景下坚持系统性原则、以学生为本原则，可持续发展原则，在高校心理健康教育创新过程中全方位、全过程地依据学生心理状态变化，以学生为本展开大学生心理健康教育工作，且在教育中教师应该以可持续发展为核心理念，促进学生心理健康知识学习中不断提升自身素养，从而促使学生形成优良、正向、积极的社会性意识，将心理健康教育融入大学基本教育中，让学生在和谐环境中形成健康心理，并能长期维持在健康状态，从而促使学生不断提升自身素养，满足人才培养的素质要求。

参考文献

[1] 陆海高. 思想政治教育视野下的高校辅导员工作创新研究经验分析 [J]. 教育现代化, 2018, 5 (46): 183-184.

[2] 王鹏. 大数据思维对高校辅导员工作的启示 [J]. 山西高等学校社会科学学报, 2017, 29 (1): 74-80.

[3] 赵晶. 探讨微时代高校辅导员思政教育工作的挑战与对策 [J]. 文化创新比较研究, 2018, 2 (8): 31-33.

[4] 薛海, 韩颖. "微时代"大学生思想政治教育的"6微"模式构建 [J]. 广西师范学院学报: 哲学社会科学版, 2017, 38 (6): 123-127.

[5] 胡永嘉, 张真理. 高校思想政治教育话语体系改进研究 [J]. 中国青年社会科学, 2017.36 (5): 81-85.

[6] 张剑宇. "微时代"背景下高校思想政治教育研究 [J]. 长春大学学报, 2017, 27 (12), 76-79.

[7] 孙保营. 高校辅导员德育工作"互联网思维"的培育与运用 [J]. 信阳师范学院学报: 哲学社会科学版, 2017, 37 (1): 100-105.

[8] 郭伟. 美国高校教育智库是如何运作的 [J]. 世界教育信息, 2017, 30 (2): 21-22.

[9] 杨再峰, 赵晓声, 潘燕婷. 高校教育智库建设: 服务教育的应然与实然 [J]. 国家教育行政学院学报, 2017 (2): 51-56.

[10] 徐青森. 高校智库建设应处理好3个关系 [J]. 智库理论与实践, 2017, 2 (1): 8-9.

[11] 高志坚. "无为而治"管理哲学在高校辅导员工作中的实践 [J]. 教育现代化, 2018, 5 (12): 234-235.

[12] 凌静. 高校辅导员工作课程化模式的价值创新与实施路径 [J]. 教育现代化, 2018, 5 (3): 100-101.

[13] 范可佳. 高职辅导员职业能力提升路径与方法: 以重庆电子工程职业学院

为例[J].改革与开放,2017(10):123-125.

[14] 胡瑞."互联网+"环境下辅导员开展网络思想政治教育的探索[J].教育观察,2017,6(21):61-62.

[15] 高涛.高校辅导员工作队伍专业化、职业化发展路径探析[J].教育现代化,2018,5(28):241-242.

[16] 程俞亭.浅谈高校辅导员专业化职业化发展现状及对策[J].教育现代化,2016,3(37):101-102.

[17] 王亚宁.高校辅导员工作中的隐性思想政治工作教育问题研究[J].教育现代化,2018,5(18):327-328.

[18] 袁高丽.辅导员借助微信公众号创新思想政治教育工作路径探究[J].兰州教育学院学报,2017,33(7):77-78.

[19] 李剑.职责模块化视阈下高校辅导员选拔激励创新研究[J].安徽商贸职业技术学院学报(社会科学版),2017,16(1):61-64.

[20] 符臣敏.高校辅导员日常工作精细化管理模式的构建[J].延安职业技术学院学报,2018,32(3):54-56.